EXIL

Matthias Matussek

AUSSENSEITER

Von Rebellen, Heiligen und Künstlern auf der Klippe

edition buchhaus loschwitz

Impressum

Friedrich-Wieck-Straße 6, 01326 Dresden
www.kulturhaus-loschwitz.de

Druck: B. KRAUSE GmbH
Druckerei · Kartonagen · Verlag
Satz und Gestaltung: impulsar-werkstatt.de

ISBN 978-3-9822049-6-3

Inhalt

Kaum eine Geschichte entzündet die Kollektive Fantasie so sehr wie die des schönen Götterjünglings, der der Sonne der Wahrheit allzu nahe kam und abstürzte In die dunkle Nacht des Wahns

Es lebe der Außenseiter!

Vorwort mit großzügiger Unterstützung durch Botho Strauß

»Zu Beginn des 21. Jahrhunderts ist der Typus des Außenseiters aus Gesellschaft wie Literatur so gut wie verschwunden.«

Mit diesem Apodikt begann Botho Strauß eine Betrachtung über den Malstrom unserer Konsensgesellschaft mit ihren Konformitäten und Korrektheiten, die der Spiegel im Juli 2013 abdruckte.

Die Konstellation Botho Strauß und *Spiegel,* das garantierte schon von jeher den größten Wumms!, spätestens seit dem berüchtigten Essay »Anschwellender Bocksgesang« mit seinen melancholischen Meditationen über Entwurzelung und Nation nach der sogenannten Wende, die eine neue, eine ganz neue Rechte in Deutschland intellektuell glänzend auf die Schienen setzte.

Diesmal druckte der *Spiegel* den Strauß-Essay, offenbar ohne zu begreifen, was er sich da eingehandelt hatte an Dynamit, das der Autor auch an den

Fundamenten jenes Presseorgans angebracht hatte, das ihn druckte.

Denn tatsächlich ist das Magazin, das sich in seiner Regierungshörigkeit längst neu erfunden hatte im 21. Jahrhundert, ja nicht unschuldig an einer linken Zustimmungskultur, die ihre Dummheit in dem Kampfschrei »Wir sind mehr« so triumphierend in die Welt hinausposaunt.

Warum dumm? Weil es ein Triumph der Selbstaufgabe jeder Nachdenklichkeit ist.

Ein Triumph, der von Zustimmungsstrategen wie Herbert Grönemeyer mit überschnappender Stimme durchaus in den Dunst des Sportpalasts führte. Der Spiegel ist geradezu federführend geworden in der Austilgung des von Strauß beschworenen Außenseitertums.

Das war nicht immer so. Weshalb Sie, verehrter Leser, in dem vorliegenden Band Außenseiter finden werden, die ich noch im *Spiegel* feiern konnte, denn Außenseiterfiguren, Künstler auf der Kippe, Gottsucher, Wahnsinnige, Versager, Verrückte haben meine Neugier stets mehr angeregt als die Siegertypen.

Meine erste große Reportage im *Stern,* wo ich die Affäre um die Hitlertagebücher und also die Faszination der etablierten Linken am Großen Bösen hautnah miterleben durfte, galt einem »Mann im Müll« – einem Aussortierten, der von den Mülldeponien im Norden lebte und das Land durch seine Deponien kannte.

Ein Trippelbruder, der Beethoven und Alban Berg und Donizetti durch das Transistorgerät in seinem Basislager in einem Wäldchen hörte und den Wozzeck in seiner dumpfen Raserei besser verstand als das Premierenpublikum der Staatsopern oder deren habilitierte Dramaturgen.

Außenseiter, also. Natürlich ist der *Wozzeck*-Dichter Büchner, das früh erloschene Genie, eine klassische Außenseiterfigur, Büchner, der mit seinem verrückten Lenz durchs Hochgebirge marschiert und ihn sinnieren lässt: »Müdigkeit spürte er keine, nur war es ihm manchmal unangenehm, dass er nicht auf dem Kopf gehen konnte.«

Außenseiter auch Hölderlin, ein Text, den ich für *Tichys Einblick* und die *Weltwoche* schrieb. In seiner Lebensbahn erkannte ich eine merkwürdige Verwandtschaft mit Syd Barett, dem mit LSD-Überdosen im Summer of Love 1967 in den Irrsinn verrückten Band-Gründer von Pink Floyd, ein Gottsucher auch er, »a prophet, a seer of visions: Shine on, you crazy diamond!«

Und wo wir schon von Klassikern reden: Außenseiter auch Heinrich von Kleist, »dem auf Erden nicht zu helfen war«. Seine rasende *Penthesiliea* konnte er Goethe nur mit einem Stilbruch widmen, nämlich »auf den Knien meines Herzens«. Der Alte war maßlos verstört. Das Außenseiter-Duo Hans Syberberg und Edith Clever hatten die Amazone in einem Film-Monolog neu entdeckt.

Außenseiter und zwar nicht nur poetologisch, sondern auch mentalitätsgeschichtlich war ganz sicher der von der dumpfdeutschen Zensur ins Exil getriebene Heinrich Heine, der frivole »Henri« für die französischen Nachbarn und »Harry« für die deutschen Journalisten seither, ein Star seiner Zeit und aller Zeiten, der die höchsten Zeilenhonorare einstrich, um sie kunstvoll mit seinen Amouren zu verpulvern. Ein besseres Vorbild kann es gar nicht geben.

Auf die amerikanische Ausnahmerscheinung Harold Brodkey hatte mich der damalige Chef des Rowohlt-Verlages Michael Naumann hingewiesen, mit einer Kurzgeschichte, in der Brodkey einen Geschlechtsakt auf rund 30 Seiten beschrieb, und nirgends war dieses Wort »Akt« angebrachter: ein theatralischer Kampf um Liebe und Vertrauen tanzte da über die Seiten, von Rivalität und Verlustangst und Neid und Erregung und schließlich erschöpfter Erfüllung, und diese Welten wurden hauptsächlich in der Fantasie durchmessen.

Harold, der jüdische Waisenjunge, ein Star der 50er und mit Hemingway verglichen, plötzlich verstummt, hochfahrend und verzweifelt am großen amerikanischen Roman arbeitend, mit jedem Recht der Welt eitel und so verletzbar – er wurde zum Freund und feierte meine Hochzeit mit.

Und noch einen eröffnete mir »Mike« Naumann: den Kultautor Cormac McCarthy, bevor er mit *All the pretty horses* Weltruhm erlangte und als Drehbuchautor für Hollywood *(No country for old men)* interessant wurde – leider gibt es keine Verleger mehr wie Mike Naumann mit dieser Leidenschaft für Autoren, die übersprang.

James Joyce? Wenn es heute darum gehen muss, wie es Botho Strauß fordert, »neue, unzulängliche Gärten (zu) bauen«, die sich dem »schrankenlos inkludierenden System« entziehen, also diesem ständig neu belebten Getrampel einer Bundesgartenschau, dann ist es wohl der Ire aus Dublin.

Er verkörpert geradezu den Strauß-Aufruf: »Zurück zur Avantgarde«. Ich habe den 100. »Bloomsday« in Dublin mitgefeiert, in der einzigen Stadt in der Welt, die den Tag aus einem Roman, den 16. Juni, zum Anlass für ein uferloses Besäufnis nimmt.

In Botho Strauß' strategischen Außenseiter-Überlegungen spielt der Rechte, ja, der Reaktionär, eine erhebliche Rolle, denn er wird von unserem linken juste milieu, das sich seiner Schwarmrichtung offenbar ständig selber vergewissern muss, sehr richtig als Bedrohung erkannt. Also als Außenseiter und damit mit bestem Gewissen abserviert.

Das Risiko, nicht nur als Außenseiter, sondern gar als Reaktionär zu gelten und sich darin zu behaupten, hat sich für Clint Eastwood lebensgeschichtlich und künstlerisch überraschenderweise ausgezahlt. Gegen das linke Hollywood-Establishment hat er sich Achtung und jede Menge Oscars erspielt.

»Widerstand ist machbar, Herr Nachbar«, reimten die Hausbesetzertypen und staatlich alimentierten Wohlstandsanarchisten im Gefolge der Hippie-Bewegung, denen da plötzlich ein Kerl mit einer Magnum in den Weg trat. Einer, der völlig unabhängig von den Strömungen der Zeit bei sich war. Und dem Pack, das in Filmen wie *Magnum* mit Morden die Autoritäten in San Francisco abschaffen wollte (und in Western wie *Unforgiven* unschuldige Siedler tyrannisierte), sein sehr knappes »No« entgegensetzte.

»Der Reaktionär ist dem Wortsinn nach jemand, der reagiert – während andere noch stumm und willfährig bleiben.«

Es hieß, Clint Eastwood gebe keine Interviews – dass ich es dennoch schaffte, erfüllte mich mit Reporter-Stolz, ein Stück weit, wie es der Bundespräsident sagen würde.

Meine Sympathie für den Typus des Reaktionärs, wie Strauß ihn versteht, nämlich als Avantgardisten in die Vergangenheit, als Alarmanlage für eingeschlafene Geister, hat mich Freundschaften gekostet. Die halten im Zweifel eine Bundespräsidentenrede zur Demokratie für »mutig«. Das hindert mich nicht, ihrer in zwei Reportagen aus der Wendezeit zu gedenken.

Die eine betrifft die Geschichte eines kleinen Theaters an der pommerschen Ostsee, das in Anklam, an dem sich die geheimnisvolle Verpuffung der östlichen

Diktatur erzählen ließ, die sich zu gleichen Teilen als Tragödie und als Komödie abspielte.

Die andere Reportage erzählt von dem jüdischen Pianisten Anatol Urgorsky, der 1990 vor dem zunehmenden Antisemitismus in St. Petersburg nach Berlin geflüchtet war und dort das Glück hatte, im prächtigen Haushalt meiner einstigen Freundin Irene Dische und ihrer turbulenten Familie zu landen, der vor allem eines bot: den Konzertflügel von Irene, die selber eine passable Pianistin ist.

Ihr Mann übrigens, der Anwalt Nicolas Becker, verteidigte den schrecklichen Biedermann Erich Honecker vor Gericht, die Symbolfigur eines Staates mithin, der den Konsens befahl und Außenseiter, ja, Gebildete, Überlegene, Nachdenkliche, Zögernde ohne alle Skrupel aussortierte und einkerkern ließ.

Eines Staates, dessen Ideologie der schalgeplapperte Antifaschismus war und in dem jeder Abweichler als Nazi diffamiert wurde.

Mir ist unverständlich, wie gering die Sensibilität heutzutage ausgebildet ist, dass sie Wiederholungen dieser einfältigen Sortierung nicht als schrille Irritation empfindet, die sämtliche Alarmsignale auslösen müsste.

Es lebe der Außenseiter!

Pistolenknall und Harfenklang

Warum uns Heinrich Heine heute noch angeht

Früher war er verbotene Schmuggelware, jetzt, in diesem heiteren Deutschland des Fußball-Sommermärchens, in dem die Nation sich fröhlich und ohne rauhe Untertöne selber feiert, ist er reif für Fernsehgalas: Heinrich Heine hat so sehr gewonnen, dass er nicht mehr auffällt, gerade da, wo er als fragwürdig gilt, also als witzig, blasphemisch, sentimental, niederträchtig. Jeder zweite Werbeslogan lässt sich auf seine Tricks zurückführen.

Du bist Deutschland? Wenn es heute einer ist, dann Heine. Und das sind gute Nachrichten.

Ohne ihn würden wir anders reden, anders denken, anders seufzen, anders lachen. Er umgekehrt hätte seinen Spaß an diesem unverkrampften, friedlichen Land in der Mitte Europas, in dem jeder alles sagen darf und es auch noch drucken!

Er ließe sich anregen mit der *taz,* mit dem *SPIEGEL,* mit der *Süddeutschen,* der *Titanic.* Er würde sich in ein Starbucks-Café irgendwo in Berlin-Mitte setzen, das

FAZ-Feuilleton lesen, die Monatsschrift *Merkur*, das moderne *Leben* aus der *Zeit*, und er würde sich amüsieren. Er würde sich wundern, dass sie so friedlich miteinander umgehen.

Dann allerdings würde er die Stirne runzeln. Seine Laune würde sich verdüstern, zunehmend. Er würde immer missmutiger umblättern und sich schließlich die Frage der Fragen stellen: Wie würde er noch sein Geld verdienen können in diesem Zeitungswirbel und Meinungssturm, unter all den durchaus munteren Kolumnisten und Feuilletonisten und Reportern?

Unter all denen also, die ihn imitieren?

Man könnte ihn beruhigen. Er würde, denn er ist immer noch unerreicht. Harry Heine war der Erste unseres Berufsstandes, und sein Geburtsname war tatsächlich Harry. Und er war gleich der Champ.

Er war es spätestens seit jenem Tag, als er diese Tüte mit Pfeffernüssen, die ihm zugeschickt worden war, ins Feuer warf, weil er befürchtete, sie seien vergiftet.

Da war Harry Heine oben angekommen, ganz oben auf dem Wellenkamm der öffentlichen Erregung. Da hatte er genau jene Betriebstemperatur aus Arroganz und Paranoia, aus Vernichtungslust und Nervosität, die einen großen Journalisten auszeichnet.

Einen großen? Den größten!

Heine erfand das moderne Feuilleton. Er mischte alles zusammen, den historischen Essay, den Boulevardbummel, den Gewissensappell, die Rezension und vergaß nicht den Tritt unter die Gürtellinie. Er unterhielt. Er forderte die höchsten Zeilenhonorare und bekam sie, und er gab sie aus, für Champagner, Freunde, Frauen.

Er hatte kühle graublaue Augen, einen blonden Haarschopf, hübsche Blässe. Er trug bunte Westen, weiche Halstücher. Ständig war er unglücklich verliebt, und wenn er es nicht war, versuchte er es zu sein, um Worte und Verse und Kapital daraus zu schlagen.

Wenn auf dem Pariser Friedhof Montmartre frische Blumen und Kränze auf sein Grab gelegt werden zu seinem 150. Todestag, dann sollte sich unsere abgebrühte Zunft verneigen.

Dann sollten wir alle für eine Weile die Hände vom Keyboard nehmen und zu diesen roten Bänden der erschwinglichen Briegleb-Ausgabe greifen und blättern, einfach um mal wieder einen guten Satz, eine hübsche Provokation zu lesen. Zum Beispiel die: »Ende der Literatur in der Demokratie: Freiheit und Gleichheit des Stils.«

Wir alle könnten noch mal im Original nachlesen, wie das wirklich geht: der Leitartikler, wie man politische Analysen und Psychogramme zusammenbindet; der Reporter, wie man beschreibt; der Feuilletonist, wie man Musik rezensiert, ohne die geringste Ahnung davon zu haben; der Denker, wie sich effektvoll auf dem Denker-Konkurrenten und seinen Argumenten herumtrampeln lässt; der Klatschkolumnist, wie man Gerüchte streut und die Garderobe der Damen abfeiert.

Vor allem aber: wie die deutsche Alltagssprache singen kann, wenn sie einer benutzt, der das absolute Gehör hat.

Heinrich Heine stand im Schlachtfeld der Ideen weit vorn, er kämpfte im Pulverqualm, und dann das: Er ist gleichzeitig der populärste und international erfolgreichste deutsche Dichter. Der, wie es Marcel Reich-Ranicki sagte, »bedeutendste Journalist unter den deutschen Dichtern und der berühmteste Dichter unter den Journalisten der ganzen Welt«.

Ein göttlicher Zwitter also. Hans Magnus Enzensberger, Peter Rühmkorf, Wolf Biermann und jede Menge Geringerer haben seine Verführungen und Stimmungsbrüche, seine Griffe und Schulterwürfe genau studiert.

Rund 10 000 Kompositionen nach Heine-Gedichten sind bekannt, darunter solche von Brahms und Schumann, Mendelssohn-Bartholdy und Meyerbeer, Liszt und Wagner. Selbst die Nazis wollten in ihren Liedersammlungen nicht auf die »Loreley« verzichten, obwohl sie von dem Juden Heine verfasst war. Der Autor der Verse wurde verschwiegen.

Man sollte ein paar dieser Evergreens auswendig können, einfach um den Sinn für Rhythmus und Färbung nicht zu verlieren. Und wer kann sich schon einem Lied entziehen, das so anfängt:

Ich weiß nicht, was soll es bedeuten,
Dass ich so traurig bin;
Ein Märchen aus alten Zeiten,
Das kommt mir nicht aus dem Sinn.

Eine deutsche Seele kann es nicht, so viel ist sicher, und auch der französischen fällt es schwer und allen anderen ebenso. Schon Mark Twain hatte sich diese Verse übersetzt, und heute wird Heine überall gefeiert, in Paris, in Tschechien, in Manitoba, Kanada, und zwar als Weltbürger und gleichzeitig als deutschester aller Dichter, dessen Vita die innere Verfassung einer ganzen Nation erklärt.

Vor Heine war über allen Gipfeln Ruh'. Vor ihm herrschte der eisklare Klassiker Goethe, der aus seiner Höhe den Weltenlauf besah, unbestechlich und gültig, und die gebildete deutsche Sprache war aus schönstem Marmor. Und plötzlich flatterten Reime wie diese durch den Raum:

Sie saßen und tranken am Teetisch,
Und sprachen von Liebe viel.
Die Herren, die waren ästhetisch,
Die Damen von zartem Gefühl.

So leicht geht das. Viel zu leicht, sagten die Kritiker, durch alle Zeiten, und ein wenig leiser und bewundernder: dass die deutsche Sprache das kann!

Heines Verfahren: Er beginnt mit dem schmachtenden Klischee (»Das Fräulein stand am Meere«) und endet mit der prosaischen Pointe (»Mein Fräulein! Sein Sie munter«).

Er beherrscht das bis zur Perfektion, auch in der Prosa. Wie fromm und biedermeierlich diese Rede beginnt, in der er einige Wünsche zu seiner Behaglichkeit aufzählt: ein Häuschen, ein paar Blumen vor dem Fenster, einige schöne Bäume vor der Tür. Und »wenn der liebe Gott mich ganz glücklich machen will, lässt er mich die Freude erleben, dass an diesen Bäumen etwa sechs bis sieben meiner Feinde aufgehängt werden«.

Kann man Pointen besser setzen?

Von seiner Bedeutung für die Welt war Heine so überzeugt wie Goethe von der seinen. Beide fummelten an ihrem ersten Auftritt nachträglich herum: Für den Moment seiner Geburt entwarf Goethe in seiner Autobiografie *Dichtung und Wahrheit* eine schwer beeindruckende, aber fragwürdige Planetenkonstellation, die ihm das Leben gerettet haben soll.

Heine verschob in seinen *Reisebildern* gleich sein Geburtsjahr, auf die Neujahrsnacht 1800, um als »einer der ersten Männer unseres Jahrhunderts« die Bühne betreten zu haben. Auch ihm vermasselte der liebe Gott die Pointe und schickte ihn tatsächlich drei Jahre früher, im Dezember 1797, ins irdische Jammertal.

Die Heines in der kleinen Residenzstadt Düsseldorf sind der verarmte Zweig einer großen Familie.

Vater Samson, rosig und blond gelockt, liebt die Pferde und die Theater und die Schauspielerinnen, liebt sie ein wenig zu sehr. Seinen zunächst gutgehenden Tuchwarenhandel fährt er gegen die Wand.

Zusammengehalten wird die Familie von der strengeren Mutter Betty, dieser »unwiderstehlichen Scheuerbürste« (Rühmkorf), die lebensklüger ist und dem Sohn die poetischen Flausen auszutreiben versucht.

Advokat oder Banker, irgend etwas in dieser Richtung hat sie für ihn vorgesehen. Harry flüchtet auf den Dachboden mit dem bunten Vorfahrengerümpel, den Globen und Schwarten übers Morgenland.

Alexander von Humboldt ist soeben vom Amazonas zurückgekehrt, und Harry Heine sitzt in seiner »Arche Noah« des Wissens und berauscht sich an erfundenen Abenteuern.

Was soll man auch anstellen in Düsseldorf, diesem bigotten 18 000-Seelen-Kaff? Doch dann fliegen auch hier weltgeschichtlich die Türen auf, und herein marschieren die napoleonischen Truppen, und herein reitet der Menschheitseroberer selbst, der bereits in Frankreich für annähernde Gleichberechtigung der Juden gesorgt hat. Harry Heine bewundert ihn ein Leben lang.

Im Jahr von Napoleons Niederlage bei Waterloo muss sich auch Harry geschlagen geben, und zwar dem praktischen Leben und dessen Prosa. Er kommt als Lehrling zu einem Kolonialwarenhändler in Frankfurt am Main, später zu einem Bankier, und er scheitert beide Male, aber er lernt dort kennen, wie es in einem echten, bedrückenden, engen Ghetto zugeht.

In Hamburg dagegen ist alles weit und glänzend, denn in Hamburg wohnt Onkel Salomon, der Kaufmann und Bankier, der so viel Geld hat, dass ihn die Umgebung gar nicht mehr spüren lässt, dass er Jude ist. Ihm gehört die halbe Stadt. Reichtum, das wird Harry schnell klar, ist der beste Schutz.

Eine Tochter des Onkels heißt Amalie. Harry liebt den Glanz des Onkels, und er liebt Amalie stürmisch, obwohl sie nicht besonders hübsch ist. Er liebt sie so sehr und kommt gleichzeitig als Schwiegersohn so wenig in Frage, dass ihm das Herz bricht.

Poesie wie »in Honig getauchter Schmerz« entsteht. Wohl kein Wort wird er häufiger und geläufiger verwenden als »Liebe«, was die Tiefe seiner Verwundungen nicht in Zweifel ziehen soll. Die große romantische Jugendliebe, die jeder hat: Bei ihm ist es das »rote Sefchen«, die wunderschöne rothaarige Tochter des Scharfrichters, eine Nymphe mit blasser Haut, die »viele alte Volkslieder« wusste.

Scharfrichter, Nymphe, Volkslieder – das ist die Gemengelage, der Kompost aus Biografie und Neigung. Zum Bankier passt so was nicht und zu keinem anderen Beruf, außer dem des Schriftstellers.

Nicht, dass er nicht weiter Anläufe zu einer bürgerlichen Karriere unternähme. Er besucht die

Universitäten in Bonn und Göttingen, und der Onkel zahlt. Das wird die Rollenaufteilung werden, ein Leben lang: Harry ist das Genie, der Onkel in Hamburg der Geldsack. Harry beschimpft ihn, der Onkel rächt sich mit Briefen in grauenvoller Orthografie. »Hätt' er was gelernt«, sagt er später geringschätzig, »so braucht er nicht zu schreiben Bücher.«

Im Studentenmilieu gerät Harry Heine ins Nationale, womit seine Lebensthemen zusammen sind. »Mit knapp zwanzig«, so Fritz J. Raddatz in seiner äußerst lesbaren Biografie *Taubenherz und Geierschnabel*, »ist Heine ein ganz fertiger Mensch.«

In Bonn steht Harry Heine die Burschenschaft »Allgemeinheit« offen. Der Burschenschaftler damals: ein Bürgerschreck, der für Freiheit und Gleichheit kämpft.

Nun aber rollt die Reaktion in Gestalt der Karlsbader Beschlüsse, mit denen Metternich die Revoluzzer domestizieren will: Zensur, Zuchthaus für Unbotmäßige, Verfolgung der »Demagogen«.

Das ist das neue Jahrhundert: Der Kampf der Ideen und Ideologien, und die Intellektuellen bewaffnen sich mit Manifesten und Pistolen. Nach »Liebe« ist »Deutschland« fortan wohl das zweithäufigste Wort in Heines Vokabular.

Allerdings, wenn er zur Pistole greift, dann nur, um sich zu duellieren, um so etwas Dummes und Romantisches wie die Ehre zu retten. In Göttingen fliegt er wegen einer Duellforderung von der Universität. Später, in Paris, wird er von einem Streifschuss erwischt, der andere bleibt unverletzt.

Ja, Heine ist fähig zum Vabanquespiel, dabei schießt er schlecht. Seine Waffe ist das Wort. Damit ist er tödlich. August Wilhelm von Schlegel, den Superstar der romantischen Schule und Shakespeare-Übersetzer, den er zunächst verehrt, muss er »mittels der Feder annullieren«, weil der nicht aus der Sonne tritt. Das ist Heine, und so sind alle Journalisten nach ihm: empfindlich und blutrünstig zugleich.

Aus Berlin, wo er hingerissen ist vom Philosophengott Georg Wilhelm Friedrich Hegel, der Linke und Rechte gleichzeitig bestätigt, schickt er seine ersten Feuilletons an den *Rheinisch-Westfälischen Anzeiger*. Und was für welche.

Es gelingt ihm, seine Frechheiten über die Zeitung an der Zensur vorbei »in den Hafen der öffentlichen Meinung hineinzuschmuggeln«. Er ist der Kontroversen provozierende junge Star, und er findet schnell Zugang zum Salon der Rahel Varnhagen. Sein Programm liest sich wie das aller Feuilletons nach ihm, bis in die Gegenwart: »Ich spreche heute von den Redouten und den Kirchen, morgen von Savigny und den Possenreißern.«

Das ist der Heine-Sound, bis heute. Er richtet sich an ein großstädtisches, zunehmend stimuliertes Massenpublikum, das die sprunghafte Unterhaltung und die Pointe schätzt und dem Fragment mehr abgewinnt als dem geschlossenen System. »Assoziation der Ideen« ist Heines fröhliches Motto.

Leben allerdings kann er von der Schreiberei noch nicht, und da die Zuwendungen des Onkels an die lästige Mahnung geknüpft werden, sein Jurastudium abzuschließen, tut er genau das. Er tut mehr als das. Kurz vor seiner Promotion tritt er zum protestantischen Glauben über, denn Juden haben geringere Karrierechancen. Aus Harry wird Heinrich, aus dem Juden ein Christ.

Die Konversion zahlt sich nicht aus, er wird trotz allem kein Advokat und kein Professor. Ein halbes Jahr später schreibt er seinem Freund Moser: »Ich bin jetzt bei Christ und Jude verhasst. Ich bereue sehr, dass ich mich getauft hab.«

Doch Heine ist genau zum richtigen Zeitpunkt bürgerlich gescheitert: Technologische Durchbrüche wie die Erfindung der Stereotypie und die Einführung der Schnellpresse ermöglichen die massenhafte Herstellung von Büchern und Zeitschriften.

Buchhandlungen und Verlage schießen aus dem Boden, die Verkehrswege werden verbessert, der Markt, der uns heute alle ernährt – damals entsteht er. Heine bedient die Poesie, er bedient die Politik. Und er kämpft mit den Zensoren auf seine Weise. In seinen Reisebildern lässt er ein ganzes Kapitel mit Strichen erscheinen, bis auf die Worte »Die deutschen Zensoren« und »Dummköpfe«.

Das ist der Tageskampf.

Und dann die Nachtseite. Heine sucht das Deutsche im Brunnen der Vergangenheit, wie viele in jener Zeit im Mittelalter, bei den Rittern und den Burgfräulein, er liest Sagen und Märchen und studiert alles, was er kriegen kann.

Dann reist er. Heinrich Heine erlebt Deutschland am Beginn des modernen Tourismus, er sieht die Nordsee, er erwandert sich den Harz, und dann erscheint die wundervollste Reportage, die es nur geben kann, die *Harzreise*, die seinen Reigen der Reisebilder eröffnet und den Grund für seinen Ruhm als Prosaschriftsteller bildet.

Er macht das, was New Journalism und die Popliteratur wiederentdecken und was durch Reporter wie Wolfgang Büscher gerade glänzend neu probiert wird: Er bringt sich selbst ins Spiel. Er trifft Weggefährten, er sinniert über Politik und Geschichte, mischt Anekdoten und Fakten und Träumerei. Mit dem allergrößten Erfolg verabschiedet er sich aus der Gesellschaft, um sie nur noch schärfer ins Visier zu nehmen.

Heines *Harzreise* beginnt mit einer Satire auf den Uni-Betrieb Göttingens, seine Honoratioren, die dummnationalen Studenten. Über Clausthal und Goslar erwandert er sich den Brocken. Er begegnet deutschen Mythen, Märchen, der Prinzessin Ilse. Das alles, wie er selbst meint, ein »übermütiger Lappen«.

Am Ende seiner Wanderung hatte Heine den großen Weimarer Geheimrat besucht. Das Gipfeltreffen! Und Heine, der sich dieses Treffen tausendmal ausgemalt und herbeigewünscht hat, versagt, weil er wieder zu witzig ist. Woran er arbeite, will der Olympier wissen. »An einem Faust«, entgegnet Heine, wie im Reflex. Goethe nickt kühl. Er selbst ächzt sich gerade durch den zweiten Teil seines *Faust,* ein aufreibendes Geschäft. Witzeleien mag er nicht. Die Audienz ist beendet. Goethe notiert in sein Tagebuch: »Heine von Göttingen«.

Goethe, so erinnert sich Heine später, ist gelb und zahnlos. Nur sein Auge sei klar. Der junge Herausforderer ist wütend und zerknirscht, und dennoch widersteht er der Versuchung, dem Großen im Nachhinein in die Knie zu treten, denn er weiß, dass der zu Recht dort oben ist.

Er nennt ihn ein großes »Zeitablehnungsgenie«. Die neue Zeit aber verlangt Parteinahmen, und Heine sieht sich, nicht ohne dabei sehr hingerissen zu sein von sich selbst, als einen, der das »Leben im Grunde geringschätzt und es trotzig hingeben möchte für die Idee«. Man kann sich bei Heine nie ganz sicher sein, ob die Idee ihn ergreift oder er die interessante Idee. Er hat durchaus ein Gespür für Effekte, und jeder Feuilletonist hegt, auf einem umkämpften Markt, naturgemäß Schwächen für solche Positionen, die den größten Distinktionsgewinn abwerfen.

Klar, dass er sich in den Karikaturenstreit einmischen würde, aber längst nicht klar, in welcher der vielen Parteien. Vielleicht würde er sogar finden, dass die Meinungsfreiheit bei uns nicht von Zensoren bedroht ist, sondern von der Freiheit selbst und ihren unendlichen Vulgarisierungen, die alles entwerten, sogar das Recht auf freie Meinungsäußerung.

Neben dem publizistischen Haudegen Heine gibt es immer den anderen, den parteilosen Dichter: Ein Jahr nach der *Harzreise* erscheint das *Buch der Lieder,* und in das presst Heine keine Argumente, sondern Zaubergräser und buntes Liebesgeflüster, Gelächter, Frivolitäten und das deutscheste aller Gefühle, die Wehmut.

Nicht einmal Experten trauen sich zu, die Gesamtauflage zu schätzen. Es ist so sehr Deutschland wie der *Faust,* die *Neunte Symphonie* und der neue Audi. Wenn Deutschland eine Marke ist, dann ist das *Buch der Lieder* eine seiner mächtigen Submarken.

Heine wird zum Genie der Mehrfachverwertung. Er veröffentlicht zunächst in Cottas Zeitschriften, um die Beiträge später in Büchern bei Campe herauszugeben. Weltbürger Heine, der sich so oft und so edel an die Menschheit richtet, hat den allergrößten Spaß an der nationalistischen Schlammschlacht. Die Engländer nennt er das »widerwärtigste Volk«, das »Gott in seinem Zorn erschaffen hat«. Übertroffen würden sie nur noch von den Amerikanern: »Das Geld ist ihr

Gott, ihr einziger, allmächtiger Gott.« Riecht druckfrisch.

Als ihm der Mut und die Zensoren in Deutschland zu sehr zu schaffen machen, zieht er 1831 um nach Paris. Er hofft auf baldige Rückkehr. Er wird den Rest seines Lebens in Paris verbringen. Ein Jahr nach der Juli-Revolution von 1830 ist Paris die Hauptstadt des 19. Jahrhunderts, das anregende, glanzvolle Foyer der Menschheit, das Ziel einer regelrechten politischen Völkerwanderung: Karl Marx, Ludwig Börne und viele weitere kritische Intellektuelle kommen über die Grenze.

Von ihnen ist Heine der glänzendste. Er findet schnell Zutritt zu den wichtigsten Salons, verkehrt mit der Bankiersfamilie Rothschild, mit den Ministern Guizot und Périer, mit Balzac, Dumas, Chopin und Liszt.

Heine ist voll ausgelastet, denn er schreibt für deutsche und französische Blätter. Er beliefert das deutsche Publikum mit Ausstellungsberichten und politischen Analysen, dem Pariser Publikum wiederum bringt er *Die romantische Schule,* die *Geschichte der Religion und Philosophie in Deutschland* nahe.

Heine taucht ein. Er streift durch die Gassen und Passagen, erhascht Blicke wie Blitze, Verführungen, Lächeln, er lässt sich treiben in der anonymen Menge wie Baudelaire, der 1857, im Schlüsselgedicht der Moderne, die »Vorübergehende« besingt.

Als Grillparzer Heine besucht, liegen zwei Grisetten in seinem Bett. Eine von ihnen ist eine junge, ungebildete Schuhverkäuferin, die dem berühmten Dichter die Sinne verwirrt – Crescence Mirat, die er Mathilde nennt, weil ihn ihr Name »im Hals kratzt«.

In seinem *Atta Troll* verewigt er sie, die Laute, die Verschwenderische, die Unbekümmerte, die er 1841 heiratet:

> Juliette hat im Busen
> Kein Gemüt, sie ist Französin,
> Lebt nach außen; doch ihr Äußres
> Ist entzückend, ist bezaubernd.

Heine schreibt über alles – und über alles brillant. Der heute so heftig diskutierte »erweiterte Feuilletonbegriff«? Ein alter Hut. Schon Heines Kombattant Heinrich Laube erkennt: »Wissenschaft und Kunst sind aus den geschlossenen Gemächern auf den Markt gestiegen.« Debattenkultur? Schon in ihrer Geburtsstunde ist sie oft kaum mehr als eine kaschierte Wirtshausprügelei. Bereits in der Stunde null des Hochfeuilletons gönnt man sich jede Niederträchtigkeit, und Heine favorisiert die sexuelle Verunglimpfung.

Im Fluss seiner Italien-Reportage zum Beispiel unterbricht er sich gern für eine Keilerei im Hinterhof. Er lässt die *Bäder von Lucca* links liegen, um sich einen Gegner zwischen Mülltonnen vorzuknöpfen, nämlich August Graf von Platen, der antisemitisch über ihn herzog. Heine keilt zurück. Platen ist bekanntermaßen schwul, und das ist in diesem Fall überhaupt nicht gut so. Heine witzelt über den »warmen Freund«, über dessen »Zuvorkommenheit gegen Jüngere«, über seine »süßen Knaben« und so weiter.

Mit Börne, dessen Stern so hell strahlt wie der seine, verbindet ihn zunächst Freundschaft. Doch zunehmend geht ihm dessen politisches Moralisieren, heute würde man sagen: sein Gutmenschentum, auf die Nerven. Börne zieht über Heines royalistische Vorlieben her und dann über den ganzen Heine: »Ich kenne keinen, der verächtlicher wäre … Er hat den schlechten Judencharakter, ist ganz ohne Gemüt und liebt nichts und glaubt nichts.« So klingen Weltverbesserer, denen die Gefolgschaft verweigert wird. Pikant ist die antisemitische Volte: Börne ist selber konvertierter Jude.

Diesmal schlägt Heine nicht sofort zurück, was ein Fehler ist. Er vertagt. Als seine Schrift schließlich erscheint, ist Börne bereits mehr als drei Jahre tot. So trampelt Heine auf dem Grab eines populären Schriftstellers herum. Pfui! Dabei ist sein Essay höchst lesenswert. Er besteht auf seinem Dichter-Vorrecht, sich nicht festnageln zu lassen, er ist links genauso wie rechts, immer dort, wo es spannender zugeht, und damit haben deutsche Intellektuelle heute noch die meisten Schwierigkeiten.

Leider ist er dumm genug, in einigen Passagen auch persönlich nachzutreten. »Der ganze Haushalt«, schreibt er über Börnes privat, habe »auf der schmutzigsten Lüge, auf entweihter Ehe und Heuchelei, auf Immoralität« beruht. Ausgerechnet Heine! Seine Freunde, von Varnhagen bis Campe, sind entsetzt. Diese paar Passagen verdunkeln das ganze Buch, zu Unrecht, bis heute.

Natürlich setzt Heine auf Veränderung, auf Revolution, aber er sieht in ihr nicht nur ein moralisches Anliegen, sondern auch eine Aufführung in dramatischer Bühnenbeleuchtung, und er setzte die Effekte unübertroffen, wie in seinen *Schlesischen Webern* von 1844:

> Im düstern Auge keine Träne,
> Sie sitzen am Webstuhl und fletschen
> die Zähne:
> Deutschland, wir weben dein Leichentuch,
> Wir weben hinein den dreifachen Fluch –
> Wir weben, wir weben!

Wegen solcher Verse stand lange Zeit fest, dass Heine Klassenkämpfer sei. Jeder DKP-Langweiler im Westen, jede Brecht-Kanone im Osten hat sich an ihm vergriffen, jedes Kabarett an seinen »gepfefferten« Texten, seiner »Scharfzüngigkeit«. Wolf Biermann war mit Heine für den Kommunismus, und heute ist er mit Heine dagegen und gegen alle anderen kulturfeindlichen Ismen. Der wirklich spannende Heine derzeit ist jener, der sein Deutschland über die Grenze hinweg liebt. Es ist der Heine der *Nachtgedanken,* der Heine des »Wintermärchens«.

Er sehnt sich nach den deutschen Eichen genauso wie nach der Mutter. Außerdem hat er Geschäfte mit Campe zu besprechen. So macht er sich schließlich im Herbst 1843 auf, über die Grenze. Es wird eine geisterhafte Jagd, denn er darf, aus berechtigter Angst vor Verhaftung, nirgendwo lange verweilen.

Jetzt sieht er Aachen wieder und Köln und Hamburg, und die kleinen idyllischen Ortschaften, in die das »Gleißen und Prahlen« der Städte noch nicht Einzug gehalten hat, und er schreibt seine Liebe und seine Wut auf die Verhältnisse in »Deutschland. Ein Wintermärchen« nieder, einem Reisebericht in Versen. Er träumt die Gegenwart in die heroische Vergangenheit, und mit beiden spielt er ironisch, mit Harfenmädchen und mit Vater Rhein, mit Barbarossa und mit Hermann, er vergnügt sich noch im bösesten Spott. Doch so schreibt keiner, der seine Heimat verachtet:

> Und als ich die deutsche Sprache vernahm,
> Da ward mir seltsam zumute;
> Ich meinte nicht anders,
> als ob das Herz Recht angenehm verblute.

Ein weiteres großes Werk, das schnell verboten wird. Kurz darauf stirbt Onkel Salomon, und Heine muss um seine Pension kämpfen, und dann erkrankt er selbst schwer.

Er beschreibt seinen Zusammenbruch dramatisch: Im Louvre sinkt er zu Boden, zu Füßen der Venus von Milo, und gleichzeitig sterben drüben, jenseits des Rheins, deutsche Revolutionäre auf den Barrikaden. Es ist das Jahr 1848, und das ist Heine pur: Die Weltgeschichte kollabiert mit ihm, und Venus, die Verkörperung der Sinnenfreude, schaut marmorn und kalt auf ihn herab.

Ein geheimnisvolles Leiden, das man auf die Syphilis zurückführt, die er sich einst bei einer Helgoländer Dirne geholt hat, macht ihn zunehmend bewegungsunfähig und treibt ihn in seine Matratzengruft, in der er die letzten acht Jahre dahinsiecht. Opium, in eine offengehaltene Wunde am Hals geträufelt, muss die schlimmsten Schmerzen lindern. Nun ist es Heine, der Märtyrer des Glücks, zu dem die Jüngeren pilgern und um Audienz bitten, und tatsächlich, kurz vor dem Tode, bringt auch er seinen *Faust.* Bei ihm ist es ein *Tanzpoem,* ein erotisches Verwirrspiel.

Dann eine letzte Liebe und letzte glückverlangende Verse, die er als »Lazarus« verfasst. »Sei getrost, teurer Leser, es gibt eine Fortdauer nach dem Tode.« So tröstet er sich selbst. Am Sonntag, dem 17. Februar 1856, morgens um 5 Uhr, stirbt der Dichter.

Der Nachruhm? Für Nietzsche war Heinrich Heine eine Jahrtausendgestalt, für die Nazis ein Jude, dessen Bücher verbrannt werden mussten – und das beschreibt genau die weite Welt, die Nietzsche von den Nazis trennt.

Karl Kraus, der Wiener Sprachpolizist, verdammte Heine, weil er »der deutschen Sprache das Mieder gelockert« habe. Nicht minder verheerend die Art, in der Theodor Adorno Heine die Gebrauchsgedichte verzieh. Leider hat sich in der Folge nicht Heines Witz, sondern Adornos dialektischer Manierismus vererbt, was einer ganzen Generation von Feuilletonisten den Stil verdorben hat.

Wir aber nicken ihm anerkennend zu.

Wir sehen, wie er das Feuilleton der *Zeit* ungelesen zur Seite legt, wie er zahlt und sich auf den Weg macht, durch die blaue Stunde des deutschen Wintermärchens, und wie er, eine Weile später, die Kastanienallee am Prenzlauer Berg hinabschlendert.

Er kommt an einer Boutique vorbei, die einen Durchreiche-Verkauf auf die Straße hat, so wie Tankstellen um Mitternacht oder Apotheken-Notdienste. Ein wunderschönes rothaariges Mädchen steht in diesem Laden, der hell erleuchtet ist von Neonbatterien und aussieht wie eine Installation von Joseph Beuys. Da sind Metallregale, auf denen Pakete stehen, die wie DDR-Mehl aussehen, und Drahtbügel und besonders schöne Leitz-Ordner und Nickis aus Frottee.

Das Mädchen beteuert, dass man all die Dinge tatsächlich kaufen könne. Leider laufe der Laden sehr schlecht. Sie habe ja auch nicht Bewirtschaftung studiert, sondern Kunst.

Natürlich erkennt Heine sofort, dass das blasse Mädchen eine Prinzessin aus alten Zeiten ist, das in diesem Rätselgarten sitzt und wartet, dass es erlöst wird. Er kauft einen Leitz-Ordner mit einem roten Plastikring im Rücken.

Und er erkennt, dass er nicht nur verstanden wird, sondern, viel wichtiger, geträumt.

Der Spiegel 7 / 2006

Heiliger Rebell

Über Georg Büchner und sein jäh erlöschendes Feuerwerk

Wie soll man diese Himmelserscheinung nennen, die da durch die Nacht raste im zerschossenen frühen 19. Jahrhundert? Ein rotes revolutionäres Zischen zunächst, dann Stille, dann die Explosionen und dieses lange, prächtige Verglühen, leidensrot und sehnsuchtsblau, giftgelb und jugendgrün, es regnet Sternschnuppen bis heute, und jeder sieht diesen Büchner anders.

Georg Büchner, die geniale Stichflamme der deutschen Literatur. Wurde 23 Jahre alt. Begann mit einem Aufruf zu den Waffen, warf dann, in nur zwei Jahren, drei Theaterstücke aus sich heraus sowie eine Novelle, die ein Grenzgang in den Wahnsinn ist.

Lauter Nachtarbeiten. Am Tag schrieb er seine Doktorarbeit über das Nervensystem der Flussbarbe, die längst widerlegt ist.

Nicht widerlegt sind die Meteoriteneinschläge seiner Kunst. Mehr gibt es nicht als das Werk. Eine Handvoll Briefe, mehrfach bearbeitet, ein paar Erinnerungen.

Lauter Fragmente. Der *Lenz* oder der elende Woyzeck zum Beispiel in seinem Wahnsinn, der ja auch eine Maske des Heiligen sein kann, Heiner Müller nannte ihn eine Entschlüsselungsarbeit für kommende Generationen: »Die Wunde Heine beginnt zu vernarben, schief; Woyzeck ist die offene Wunde.«

Die Lunte glimmt

Dass Georg Büchner am 17. Oktober 1813 während der Völkerschlacht von Leipzig zur Welt kam, ist eine der gelungeneren Pointen der Geschichte. Ein Sonntag, sechs Uhr morgens. Am Tag zuvor hatten beide Seiten – die Franzosen und die Allianz – verlustreich gekämpft. Am Montag und Dienstag wendete sich das Kriegsglück gegen Napoleons Truppen. Sie wurden in die Flucht geschlagen.

Büchner erscheint auf einem Scheitelpunkt der Weltgeschichte, im hessischen Flecken Goddelau, eine Torfstechergegend in der Nähe Darmstadts, bis dahin französisches Gebiet. Er kam zur Welt in einem requirierten Bauernhaus, Fachwerk, 17. Jahrhundert, winzige Zimmer im ersten Stock, die mit einem Klosett versehen werden mussten, das war die Bedingung, denn Ernst Büchner, der Vater, war Mediziner.

»Wie viel Zeit haben Sie?«, fragt die ehrenamtlich arbeitende Frau Pöllmann an einem nachempfundenen Familientisch im Geburtshaus, und sie beginnt mit

Karl dem Großen. Vor den Stühlen auf dem Tisch liegen schwarze Kladden, die mit den Geschwistern Büchners zu tun haben. Sie prägten die Zeit auf ihre Weise.

Ludwig Büchner war wohl der Populärste. Seine Schrift *Kraft und Form* war eine vulgärmaterialistische Kritik an Religion aller Art, ein Bestseller des aufstrebenden Bürgertums.

Wilhelm Büchner entdeckte ein Verfahren zur Herstellung blauer Farbe und wurde reicher Philanthrop.

Luise Büchner, die Jüngere, war eine christlich-schwärmerische Frauenrechtlerin, die sich für weibliche Bildungsinstitute einsetzte.

Lauter frühbürgerliche Heldenbiografien. All diese Tüchtigkeiten und Kämpfe der länger lebenden Geschwister, eingesargt in die gleichen schwarzen Kladden. Ach, vielleicht hätte diese Installation dem romantischen Georg Büchner, dem ältesten Bruder, gefallen, er hatte Sinn für Ironie und Vergeblichkeit.

Stimulierendes Familienmilieu. Büchners Vater, der sich mit Caroline Reuss, Tochter einer Hofangestellten, nach oben geheiratet hatte, war Bewunderer Napoleons, des Modernisierers. Nun arbeitete er im Hospital im nahen Hofheim, das auch Irrenanstalt war. Heute betreibt dort die »Vita«-Klinik ihre Geschäfte, rote Backsteinmauern unter Buchen, eine alte Scheune steht noch. Die Vita-Klinik kümmert sich ums moderne Irrewerden an der Welt: Burnout, Depression, Drogen.

Pflichterfüllung und liberale Neugier übernahm Georg Büchner von seinem Vater, eingekerbt wie mit dem Messer.

Vater Büchner weiß auch, und sein Sohn wird daran verzweifeln: Mit dem Sieg über Napoleon, die »Weltseele zu Pferde« (Hegel), ist paradoxerweise auch die Freiheit geschlachtet in den deutschen Kleinstaaten, das Erbe der Revolution, die Charta der Menschenrechte, der Fortschritt ist vorerst abgesagt.

Die Büchners ziehen nach Darmstadt, wo der ehrgeizige Vater eine Blitzkarriere macht, Georg Büchner erhält die bestmögliche Ausbildung. Ein vollgepackter Stundenplan im neuhumanistischen Pädagogium, Georg ist kein Musterschüler, aber hell und schlagfertig, vor allem kann der Junge mit Worten umgehen, feurig, schwärmend, polemisch. Zweimal hintereinander darf er die Rede auf der Semesterabschlussfeier halten.

Zur Französischen Revolution bekennt der Gymnasiast sich offen, trägt die Kokarde auf seinen gescheitelten Locken, grüßt Freunde mit »Bonjour, citoyen«, zunächst sind das sicher nicht mehr als revolutionäre Rollenspiele der Art, die sich schwäbische Wohlstandskinder 1968 borgten, wenn sie zum Rotfront-Gruß die Faust ballten.

Büchner studiert in Straßburg, das noch unter den Nachwehen der Juli-Revolution von 1830 fiebert, Gewimmel in den Gassen um das Münster, Emigranten, Revolutionäre, Lesezirkel, er lernt wohl die

Vereinigung zur Verteidigung der Menschenrechte kennen.

Unterkunft findet er bei Pfarrer Jaeglé, einem entfernten Verwandten der Mutter, verwitwet, die Tochter Wilhelmine führt den Haushalt. Sie versorgt auch Georg, als er krank wird, sie ist liebreizend und drei Jahre erfahrener als Georg. Er verlobt sich heimlich.

Rote Explosion: der »Landbote«

Als er zwei Jahre später heimgerufen wird, mehr Auslandszeit wird vom Großherzog nicht genehmigt, reagiert er psychosomatisch, mit einer Meningitis. Die Verhältnisse in Gießen sind kerkerhaft düster, die Professoren Karikaturen (er wird einen für seinen »Woyzeck« verwenden), das Leben eine Qual, die Lunte glimmt.

Hier in Gießen, in den Studentenkellern und Geheimzirkeln, wird der Mythos des Revolutionärs geboren, und der wächst mit und wird in den Jahrzehnten nach seinem Tod zunehmend dümmer und wird alles verschlingen, was Büchner an metaphysischer Weltverlorenheit und kühnem künstlerischen Neuerungsfuror in den kommenden Werken verkapseln wird.

Gleich im Klartext: Büchner ist kein frühes DKP-Mitglied, auch wenn die hessische Schullektüre es bisweilen vermuten lässt. Er ist ein Libertin im echten

Sinne, offen auch nach oben oder in die eisige Nacht, kein Klassenkämpfer, er kämpft an anderen Fronten.

Der Büchner-Preisträger Hans Magnus Enzensberger hat den Verbalradikalismus seiner Generation, die auch ihren Büchner eingemeindet hat, so formuliert: »So sehen wir aus, ein einig Volk von Lesern, erpicht auf einen Klassiker, der uns für eineinhalb Jahrhunderte versäumter Revolutionen aufkommen soll. Wir bestehen auf dem Umsturz aller gesellschaftlichen Verhältnisse, im Irrealis der Vergangenheit.«

Ja, Büchner hält die ungerechte Verteilung der Güter für das Wurzelproblem, bis heute hat sich daran nichts geändert. Ja, aus dem krassen Gegensatz Arm und Reich muss sich die Revolution entzünden. Oder? Zunächst stürzt er sich in die revolutionäre Rolle. »Wenn in unserer Zeit etwas helfen soll, so ist es Gewalt«, schreibt er an die Eltern.

Die Lunte brennt nun. Den Sturm auf die Frankfurter Wache hatte er noch von Straßburg aus verfolgt. Doch er weiß: ohne Masse keine Revolution. Und sie muss durch Flugblätter erreicht werden.

Er zwingt sich in die Rolle des illusionslosen Revolutionstechnikers. Das Volk? Nun, es leidet, aber es ist auch von »niederträchtiger Gesinnung«. Es ist nur am »Geldsack« zu packen. »Dieß muss man benutzen, wen man sie aus ihrer Erniedrigung hervorziehen will.«

Allerdings will Büchner den radikalen Umsturz und nicht nur die demokratische Mehrheit, denn ein Parlament gibt es noch längst nicht in deutschen Landen.

Zusammen mit einem Mitverschwörer, Friedrich Ludwig Weidig, verfasst Büchner die Flugschrift *Der Hessische Landbote,* von dem sich vor allem die unwiderstehliche Parole hält: »Friede den Hütten! Krieg den Palästen!«

Die Revolutionsepistel beginnt mit dem Rekurs auf die Genesis, die Leute sind bibelfest in jenen Tagen. »Im Jahr 1834 sieht es aus, als würde die Bibel Lügen gestraft.«

Dann folgt Zahlenwerk. Der Haushalt des Großherzogtums. Er reibt dem Landvolk ein, was es schuften muss und was oben verprasst wird, auf den Gulden genau. Zwischendurch die Feuerzungen revolutionärer Schwärmerei und Pathos, da ist vom »Tyrannen« die Rede und vom »Schwert des Volkes«.

Große Rollenprosa, mit deutlichen Anleihen bei Jean Paul. Mitverschwörer Weidig redigiert. Dann folgt der Schmuggel der Konterbande, der blutige Slapstick um die frühzeitig verratene Konspiration, rund 1500 Flugschriften in Stulpenstiefeln, es folgt die Gefangennahme von Freunden wie Karl Minnigerode oder Weidig. Werden sie dichthalten?

Der 20-jährige Büchner spielt. Kaltschnäuzig stellt er den berüchtigten Untersuchungsrichter Georgi zur Rede wegen des Eindringens in seine Stube – dann setzt er sich ab, zunächst nach Darmstadt zu seinem Vater. Mit angstweichen Knien. Als der *Landbote* erscheint, hat Georg Büchner keine drei Jahre mehr zu leben.

Giftgelber Blitz: »Dantons Tod«

Dabei ist Büchner kein Bombenleger, sondern der schlaksige Intellektuelle mit Brille. Sicher, einige seiner Freunde machen Schießübungen, auch über Attentate sprechen sie. Doch Büchner hat Selbstdistanz. Er macht sich lustig über die Freiheitsromantik, die eigene und die der anderen. Er spielt mit im hitzigen Gießener Studenten- und Revolutionstheater, auch von sich selbst hingerissen, aber er beobachtet sich dabei.

Auf sein Rasen gegen die tatsächliche Not, auf all das Pathos folgt der existentielle Kater. In seinem als »Fatalismusbrief« berühmt gewordenen Schreiben an die Verlobte in Straßburg heißt es: »Ich finde in der Menschennatur eine entsetzliche Gleichheit … Der Einzelne nur Schaum auf der Welle, die Größe ein bloßer Zufall … Ich gewöhne mein Auge ans Blut … Was ist das, was in uns lügt, mordet, stiehlt?«

Das soll ein Revolutionär aus dem Vormärz sein? Oder schrieb das Camus?

Wenn Büchners Gewaltfaszination fast 150 Jahre später Erich Fried in seiner Büchner-Preis-Rede an die erste Generation der RAF erinnert, dann ist es der

Büchner des Fatalismusbriefes, also die restlos verzweifelte Ulrike Meinhof in Stammheim.

Doch Büchner ist frei, noch. Er mordet nicht, sondern schreibt. Er schreibt sich das Revolutionstrauma von der Seele, in fiebernden Schriftzügen, kaum leserlich.

Während Mitverschwörer Wilhelm Schulz in Festungshaft an den Gitterstäben herumsägt (und auch tatsächlich entkommt), flieht Büchner übers Papier. Hinaus. Das Stück heißt *Dantons Tod.*

In nur fünf Wochen, Januar / Februar 1835, ist es fertig. Fertig im Sinne von perfekt, neu, kühn, alles in den Schatten stellend. Es ist scharfsinnig, vulgär, witzig, tragisch. Im Schein von Büchners Argandscher Lampe entsteht Weltliteratur.

Was für ein neuer Ton! Er mischt Hohes und Tiefes, Gassenhauer und Gottesbeweise, Frivolitäten und Kirchenlieder, Melancholie und Weltekel.

Alles, was das klassische Drama verlangt, ist vorhanden, Exposition, zwei Parteien, Aufstieg, Peripetie, Fall. Bedeutendes Personal: Robespierre und Danton. Doch es beginnt im Bordell und endet auf dem Schafott, deutlicher kann Goethe nicht verabschiedet werden.

Handlungszeit sind die Tage revolutionären Terrors. Büchner liest sie in den Heften des Vaters nach, in dem historischen Journal *Unsere Zeit.* Die bürgerlichen Girondisten sind unters Messer gekommen, die linksanarchistischen Hébertisten ebenfalls, nun wird Danton verhaftet, jener Danton, der die September-Massaker zu verantworten hat.

Gespräche im Wartesaal zur Hölle. Georges Danton ist Georg Büchner, die hessische Posse wird hochgerechnet zur französischen Epochenrevolution, Büchner träumt sich in Danton hinein, den Nihilisten, den Erotomanen, der Freude an Huren hat, gleichzeitig aber verheiratet ist mit der ihn vergötternden Julie.

Ein Genießer, der spottet, Karten spielt, sich langweilt, philosophiert und alle Fluchtangebote ablehnt. Ein grauenhafter Prachtkerl, dessen Gewissen sich meldet. Soll es denn »still und dunkel werden, daß wir uns die garstigen Sünden einander nicht mehr anhören und ansehen?«, fragt er. Er, der das Revolutionstribunal schuf, sagt nun: »Ich bitte Gott und Menschen dafür um Verzeihung.«

Für ein Revolutionsstück ist erstaunlich viel Religion im Spiel. Büchner ist noch im christlichen Innenraum, aber so, dass es weh tut. Bald wird Sören Kierkegaard, im selben Jahr wie Büchner geboren, mit dem seichten Rationalismus der Vernunftsreligiösen aufräumen und die Existenzfrage stellen: springen oder nicht.

»Er war zu gescheit, um religiös zu sein, aber zu sehnsüchtig, um es nicht zu sein«, schreibt Büchners Biograf Hermann Kurzke.

Alles steht in Frage: die Welt, der Mensch, der Fortschritt, der Sinn von Revolution.

Dantons Gegenüber ist schmaler und stählerner: »Wer in einer Masse, die vorwärts drängt, stehenbleibt, leistet so gut Widerstand, als trät er ihr entgegen: er wird zertreten.«

Das ist Robespierre, der in seinen Monologen das Brevier des Terrors aufblättert, der Lauf der Geschichte spuckt Leichen an jeder Flussbiegung aus, sie ist eine Naturkraft wie ein Vulkanausbruch.

Rund ein Sechstel ist wörtliches Zitat – das Drama Collage, Dokumentation, Realgeschichte. Robespierre nimmt die Oktoberrevolution und Pol Pot und Mao vorweg. Epochenfortschritte können nur mit Blut erkauft werden, Andersdenkende müssen aussortiert werden.

Logisch, dass sich Brecht und die DDR sich das Revolutionsstück vornahmen, aber noch logischer, dass es repariert und auf Parteilinie gebracht werden musste. Danton, ein falscher Held, dieser konterrevolutionäre Kleinbürger mit Gewissen muss verkleinert, die Terrorstrategen Robespierre und St. Just dagegen, in ihrem geschichtlichen Auftrag, müssen vergrößert werden.

Berüchtigt die Bearbeitung von Kurt Barthel, genannt Kuba, der davon sprach, Büchner »in der ersten Arbeiter-und-Bauern-Republik« eine Heimstätte zu sichern.

Dafür kann Büchner nichts.

Als der Schriftsteller Karl Gutzkow, später neben Heine der führende Kopf des »Jungen Deutschland«,

1835 das Stück in den Händen hielt, verstand er diesen Pistolenschuss an Genialität auf Anhieb. Auch seine Gefährlichkeit, zumindest was die Nerven des Publikums anging. Er war klüger als Büchners stalinistische Apologeten.

Gutzkow entschärfte vor allem die Frivolitäten, um es an der Zensur vorbeizubringen, er schmiss die »Eicheln« raus, die »Quecksilbergruben« und andere Bezeichnungen für syphilitische Huren, die Büchner aus der Klinik seines Vaters kannte, und natürlich darf sich niemand mehr »die Hosen vom Leibe reißen und sich über den Hintern begatten wie die Hunde auf der Gasse«.

Büchner ärgert sich über Gutzkows Eingriffe, ist aber froh, dass sein Stück gedruckt wird. Ein Vorabdruck erscheint im Kulturjournal *Phönix*, die literarische Welt horcht auf.

Die Originalfassung von *Dantons Tod* wurde mehrmals rekonstruiert und erst 1902 in Berlin uraufgeführt, fast 70 Jahre nach ihrem Entstehen. Büchner aber hat keine Zeit zu verlieren, damals im Jahr 1835. Die Uhr tickt. Er wartet auch nicht mehr die 100 Gulden Honorar ab, sondern setzt sich nach Straßburg ab.

Noch knapp zwei Jahre.

Am Fuße des Straßburger Münsters. Touristenschwärme, die vor einem heraufziehenden Sturm Schutz in den Cafés suchen. Rote Sandsteinfassade mit spätmittelalterlicher Figurenpracht, die zehn klugen und törichten Jungfrauen am Portal, darüber Türme wie geklöppelt, damals die höchsten Europas.

Büchner-Biograf Kurzke hat sich mit den anderen gerettet vor den wütenden Böen, ein sanfter 70-jähriger, asketischer Gelehrter, Thomas-Mann-Biograf und Kirchenlied-Experte, in seinem Lächeln liegt ein Anflug von Melancholie.

Dort sei Büchner oft aufgestiegen, sagt Kurzke mit einem Nicken hinauf, um sich »ausblasen und auswinden zu lassen«. Ganz oben im Eckturm haben sie sich verewigt, Goethe stand da eingeritzt, Klopstock, Lavater, Lenz, und von Voltaire, dem Kirchenzertrümmerer, war nach einem steinsprengenden Blitz nur das »taire« übrig geblieben. »Geschieht ihm recht«, sagt Kurzke, der auch als Biograf ein Faible für Komik hat.

Kurzke staunt darüber, mit welcher Komplettheit die Büchner-Forschung die christlichen Motive in Büchners Werk übergangen hat. Dabei wimmelt es davon. Von Christusfiguren, Dornenkronen, Kirchenliedern, Gebeten.

Kurzke, ein Katholik, kennt sich aus mit den Zweifeln und den Falltüren des Glaubens. Vielleicht hat er daher dieses Gespür für die transzendenten Schwingungen in Büchners Werk.

Für Kurzke ist es deutlich: Büchner wollte die Welt verbessern, weil er Christ war. Er hat die Not gesehen, das Dreckstück Mensch und den Schimmer der Erlösung. Er litt an der Differenz. »Die Nahrung bezieht Büchner von unten. Eine unstillbare Sehnsucht aber zieht ihn nach oben.«

Kurzkes Büchner ist von einer wilden Religiosität, die nichts mehr mit dem engen Pietismus zu tun hat, sondern mit einer künftigen Religion. Nicht gerade das, was die Marburger Büchner-Forscher in ihrem Arbeiterkampf-Jargon von Pfaffen und entrechteten Massen und Bourgeoisie und Klassenlage verstehen könnten.

Jan-Christoph Hauschild, Autor der umfassendsten Büchner-Biografie, ist vor allem am Revolutionär Büchner interessiert und scheint den *Landboten* für das Schlüsselwerk zu halten.

Sein neues Buch heißt *Verschwörung für die Gleichheit.* Textprobe: »Im Mittelpunkt des Dramas (›Dantons Tod‹) steht die Abrechnung mit den großbürgerlichen Revolutionsgewinnlern.« Ach so?

Er nimmt seinen Büchner hart ran: Der *Danton* sei »mehr als ihm guttut, mit geistreichen Reminiszenzen beschwert«. Überflüssiges Kunstgeplänkel also, denn worum geht es Büchner eigentlich? »Um den Konflikt zwischen Bourgeoisie und plebejischen Schichten und um das schonungslose Aufdecken und Anprangern der begangenen Fehler.«

Kurzke dagegen wagt es, dem Genie nachzudichten, er fühlt sich ein, erlaubt sich sogar eine fiktive Büchner-Preis-Rede, »die hochgelobten Schreibereien seien Nebensache gewesen«, die Germanisten werden sicher Plagiat bemängeln, und was die Revolution angehe, sei es »leichter, sozialistisch als sozial« zu sein.

Kurzkes Büchner ist laut und zotig in den Gießener Studentenkellern, er ist eisig, wenn sein Hochmut hervorschießt, denn er begreift schneller als andere.

Ein gutaussehender Kerl übrigens, seine Augenfarbe (grau) und seine Größe (1,73) hat die Polizei für den Steckbrief notiert. Ein Frauentyp, lockig, hochgewölbte Stirn, breite Schultern, dann allerdings diese Pausbacken und ein Kussmündchen, das wir von dem berühmten Porträt des Theatermalers August Hoffmann kennen. Es ging im Krieg verloren (mit Haarlocken Büchners), wurde aber als Fotografie überliefert. Nun ist ein zweites Porträt desselben Künstlers aufgetaucht, das Büchner in modischer Weste zeigt, mit dem Notenblatt einer frivolen Oper in der Hand – verwegene Errol-Flynn-Haltung, der rote Korsar, er mochte solche Selbstinszenierungen.

Büchner ist melancholisch, neurotisch und triebhaft, alle seine Figuren sind es, »wieviel Weiber hat man nötig, um die Skala der Liebe auf und ab zu singen?«, fragt sein Leonce, das klingt nicht nach bürgerlicher Treue.

Eine Schwärmerei Büchners, von der er seinem Freund Alexis Muston auf einer Wanderung nach Heidelberg berichtete, fiel Kurzke auf. »Er hat sich in einer Art mystischer Anbetung in ein gefallenes Mädchen verliebt, das er auf die Stufe von Engeln zu erheben träumte.«

Kaum ein Forscher ist auf diese namenlose »Fille perdue« eingegangen, für Kurzke dagegen wird sie zu einer libidinösen Kraft, Büchners Werk ist durchzogen davon, von einer erotischen Faszination, die weit über die für seine Wilhelmine hinausgeht, hinter der er das unerotische »Rasseln der Kochtöpfe« hört.

Büchner muss sie gekannt haben, all die Frivolitäten der Straße. Die Geläufigkeit, mit der Prostituierte in seinen Stücken auftreten, die Marion etwa aus dem *Danton,* allerdings legt er ihr pure Poesie in den Mund, wenn sie von ihrem Fall spricht: »Ein junger Mensch kam zu der Zeit ins Haus, er war hübsch und sprach oft tolles Zeug, ich wusste nicht recht, was er wollte, aber ich musste lachen.«

War dieser junge Mann Georg Büchner? Wer war dann Marion?

Kurzke: »Ich stürze einen Heiligen vom Sockel.« Zumindest einen Heiligen der revolutionären Sache, denn ein Klassenkämpfer hat tugendhaft zu sein.

Nach seiner Flucht nach Straßburg beginnt Büchner wieder mit dem Studium, er ist ehrgeizig, strebt eine bürgerliche Karriere an, er hat sich auf das Nervensystem der Barbe spezialisiert.

Nachts übersetzt er zwei Dramen von Victor Hugo. Bis er nach einigen Wochen auf den *Lenz* stößt. Oder der stößt auf ihn. Wieder ist es ein Dokument, das ihn elektrisiert. Diesmal sind es die Aufzeichnungen des Pfarrers Johann Friedrich Oberlin über den Aufenthalt des verwirrten Sturm-und-Drang-Dramatikers Jakob Michael Reinhold Lenz in seiner Gemeinde Waldersbach in den Vogesen.

Ganze Passagen übernimmt er wörtlich, Büchner ist ein Genie der Collage. Doch aus Oberlins betulichen Protokollen wird ein Sturm. Büchner springt in Lenzens Kopf, mit harmlos anrollenden Irrsinnssätzen beim Steigen durchs Gebirge: »Müdigkeit spürte er keine, nur war es ihm manchmal unangenehm, dass er nicht auf dem Kopf gehn konnte.«

Büchner sieht aus Lenz' Augen auf eine Welt aus stürzenden Perspektiven, die schon jetzt den Expressionisten Kirchner vorwegnehmen: »Anfangs drängte es ihm in der Brust, wenn das Gestein so wegsprang, der graue Wald sich unter ihm schüttelte und der Nebel die Formen bald verschlang.«

Die Idealisierungen der Goethe-Zeit sind verflogen, der metaphysische Abgrund öffnet sich, die wilde Natur füttert dieses Wahnsinnstheater, und auch wir verlieren den Boden unter den Füßen. »Er suchte nach etwas wie nach verlornen Träumen, aber er fand nichts.«

Und dieses Nichts löst das pure Entsetzen aus. Er jagt vor diesem Nichts davon, aber es greift nach ihm, »die Finsternis verschlang Alles«.

In Peter Schneiders *Lenz*-Novelle, die er den Dogmatikern der Studentenbewegung 1973 vorwirft, verliert Lenz den Glauben an die revolutionäre Sache. Bei Büchner verliert er den Glauben. Punkt. Aber das ist dramatischer.

Lenz' Geschichte ist die der Entwurzelung aus dem Glauben, aus jenem Christenglauben, der doch zu Zeiten des Pfarrerssohnes Lenz noch sichere Planken ins Dasein zog. Ein halbes Jahrhundert später wird Nietzsche ausrufen: »Gott ist tot«, ganz überwältigt von seinem Mut. Heute fragen die Leute: »Wer ist Gott?«

Unter Oberlins Obhut kommt Lenz zur Ruhe. Doch dann hört er von dem Mädchen aus dem Nachbarort, das gestorben ist. Erschüttert kniet er neben der Aufgebahrten und sagt: Stehe auf und wandle. »Aber die Wände hallten ihm nüchtern den Ton nach, dass es zu spotten schien, und die Leiche blieb kalt.«

Da muss Lenz laut lachen, und »mit dem Lachen griff der Atheismus in ihn und fasste ihn ganz sicher und ruhig und fest«. Doch am nächsten Tag steigert sich seine Angst, denn »die Sünde wider den heiligen Geist stand vor ihm«.

Der Glaubensmuskel zuckt noch, Lenz glaubt nicht mehr, doch er fühlt sich schuldig dafür, so leicht ist sie nicht abgetan, diese rätselhafte christliche Neurose, von der Analytiker da sprechen würden. Verzweifelt ruft er Oberlin zu: »Wenn ich allmächtig wäre, ich würde retten, retten.«

Nach Waldersbach ist es eine Stunde von Straßburg. Hinein in die Vogesen, Weinbaugebiet zunächst, dann schroffere Waldgegend, kühles grünes Rauschen, dann hinauf auf den Pass des Mt. Charbonniere, ein ungemütliche Schauer fegt über den Bergrücken 1000 Meter über dem Rhein, Nebel steigt aus dem Tal, schwarze Tannenriesen, ein verlassenes Ski-Restaurant, ein Bach gurgelt, Regen tropft, wieder hinab nach Waldersbach, ein paar Dutzend Häuser, Oberlins Haus steht noch und der Brunnen davor in den sich Lenz in der ersten Nacht stürzt.

Oberlins Pfarrhaus in Waldersbach ist heute ein Museum. Es zeigt seine Sammlungen aus Käfern und Psalmenlosungen und Samen, Brille, Bibel, Lederschatulle für die Schere – und dann hängt da eine schematische Zeichnung von Himmel und Hölle. Fast eine Kinderzeichnung. Unten das Feuer, und in einem regenbogenfarbigen Schwung die Seele, hinauf ins Licht. Hat Oberlin sie dem armen Lenz vorgehalten?

Ist Büchner seinem Lenz in die Kirche von Fouday nachgestiegen, wo er predigte?

Möglicherweise ist auch er, versuchsweise, die dreizehn Holz-Stufen zur kleinen dunklen Kanzel hochgestiegen, eine bessere Hühnerleiter, alles dunkles Holz, pietstisch schmucklos, schmale Bänke, schlichter Raum, ein gusseiserner Ofen, und Lenz da oben.

Der »sprach einfach mit den Leuten, sie litten alle mit ihm« und er ist froh, wenn er Trost im Elend und »über einigen müdgeweinten Augen Schlaf« bringen konnte. Und dann singen sie ein Marienlied.

Draußen unter schweren Wolken die Mairie und die dörflichen Bekanntmachungen und das mit der Trikolore geschmückte Grab eines gefallenen Soldaten aus dem großen Krieg und dahinter die Steinplatten von Oberlin und seiner Familie.

Ein Alter kommt die Dorfstraße herauf, auf die Krücke gestützt, gegerbtes Wettergesicht, ob er grinst oder Schmerzen hat, ist nicht auszumachen, er grüßt, nein, den Büchner kennt er nicht, auch nicht den Lenz, aber Oberlin war ein »bonhomme«, ein guter Kerl.

Die Erzählung *Lenz* ist nur in verschiedenen Skizzen erhalten, möglicherweise hat sie seine Verlobte nach seinem Tod zusammengeklebt, ein Fragment, mit einem großen Bruch vor dem Schlussteil, wo der ausgebrannte Lenz in einer Kutsche nach Straßburg gebracht wird: »Es war eine entsetzliche Leere in ihm, er fühlte keine Angst mehr, kein Verlangen; sein

Dasein war ihm eine notwendige Last. – So lebte er hin.«

Und plötzlich heißt das Grauen: Normalität.

Die blaue Leuchtkugel: »Leonce und Lena«

In Straßburg schreibt Büchner weiter an seiner Doktorarbeit. In seinem Geburtshaus in Goddelau liegen Skizzen aus, sie verblüffen, denn Büchner, der nachts Gefühlsstürme orchestriert, ist bei Tage ein akkurater Wissenschaftszeichner, der Gräten und Wirbel präzise konturiert.

Er studiert in diesem Frühjahr 1836, noch ein Jahr.

Er will seinem Vater mit der Promotion imponieren, und die wird er im Fach Philosophie erlangen, denn Biologie wurde damals dazugerechnet.

Da hört er von einem Lustspielwettbewerb der Cotta'schen Verlagsbuchhandlung. In knapp vier Wochen wirft er die schönste und leichteste Komödie deutscher Sprache aufs Papier. *Leonce und Lena.*

Es ist ein Versuch über die Langeweile.

Schon Danton langweilte sich. Und der Lenz: »Ich mag mich nicht einmal umbringen: Es ist zu langweilig!«

Und wenn Prinz Leonce sich langweilt, hört sich das so an: »Mein Kopf ist ein leerer Tanzsaal, einige verwelkte Rosen und zerknitterte Bänder auf dem Boden, geborstene Violinen in der Ecke, die letzten

Tänzer haben die Masken abgenommen und sehen mit todmüden Augen einander an.«

Pures Ennui, wo nimmt er das her, wenn nicht aus sich?

Erst 59 Jahre später wird das Stück uraufgeführt, 1895 in München, unter der Mitwirkung des Anarchodichters und Phantasten Oskar Panizza.

Unter den Inszenierungen der letzten Jahrzehnte ist vor allem die von Jürgen Flimm in Erinnerung. Sie spielte in einem Zirkuszelt, 1981 in Köln, auf Schaukeln sitzen Leonce und Lena und flüstern entzückenden Unsinn aus Weltschmerz und Wortspiel, eine einzige frivole und zartsinnige Heiterkeit am Premierenabend, während am selben Tag in Bonn 300 000 gegen die Nato-Nachrüstung demonstrierten und den Weltuntergang verhinderten.

Leonce und Lena demonstrierten nichts außer ihrer Liebe und ihrer Verachtung für das Zeremoniell aller Art, auch das der politischen Leidenschaft. Was vermag schon die vorübergehende Wallung einer Überdrussgesellschaft gegen die Leere und die große Lächerlichkeit, die ihrem Gezappel zugrunde liegt?

Büchner arbeitet weiter in seiner Straßburger Klause, er seziert, er will wissen, was die Welt im Innersten zusammenhält. Danton spricht es an: »Wir müssten uns die Schädeldecken aufbrechen und die Gedanken einander aus den Hirnfasern zerren.« Und was, wenn man sie auch dort nicht findet, die Gedanken?

Büchner zeichnet seine Gräten, er arbeitet ungesund, mit Chemikalien, in größter Kälte, da sich die Fische dann frischer halten. Kadaver. Schon als Anatomiestudent hat Büchner viele Leichen gesehen. »Ich will deine Leiche lieben«, sagt Prinz Leonce zu Rosetta.

Es hat was Todessüchtiges, Schwarzromantisches in Büchner.

Er ist 22, als er seine Doktorarbeit im August 1836 in Zürich postalisch einreicht. Ein Straßburger Professor hat ihn empfohlen. Eine Expresskarriere. Mit 23 steht er vor der Hautevolee der Zürcher Professorenschaft und erklärt, evolutionsbiologisch nüchtern und doch noch im Geiste der goetheschen Metamorphosen-Theorie, warum die Schädelnerven sich aus dem Rückenmark bilden. Er wird gefeiert für seinen Irrtum.

Er hat noch drei Monate zu leben.

Schon in Straßburg hat er einige Szenen aufs Papier geworfen, Traumbilder von einem Jahrmarkt und Akademikerkarikaturen, ein Doktor tritt darin auf, der an Menschen experimentiert, ein maskuliner Tambourmajor, dazu ein schwermütiger Hauptmann und ein armer Hund namens Woyzeck.

Es gab ihn tatsächlich, diesen Woyzeck. Wieder liegt ein umfassendes Dokument vor, durch den Gerichtsmediziner Johann Christian August Clarus, der in nüchternen Worten den Fall schildert. Büchner macht aus ihm einen einfachen Soldaten, und aus Clarus' Protokoll – absurdes Welttheater. Nur einzelne Szenen sind erhalten, unnummeriert, die verschieden zusammengesetzt werden können. Die am häufigsten gespielte Fassung ist die des *Woyzeck*-Films von Werner Herzog mit seinem kurzgeschorenen, gequält flüsternden Kinski.

Woyzeck und Andres schneiden Stecken, die Soldaten damals zum Körbeflechten verwenden durften oder fürs Spießrutenlaufen zu sammeln hatten.

> **Woyzeck:** Ja, Andres; den Streif da übers Gras hin, da rollt Abends der Kopf, es hob ihn einmal einer auf, er meint es wär ein Igel. Drei Tage und drei Nächt und er lag auf den Hobelspänen (leise) Andres, das waren die Freimaurer, ich habs, die Freimaurer, still! …
> **Andreas singt:** Saßen dort zwei Hasen
> Fraßen ab das grüne güne Gras …
> **Woyzeck:** Still, es geht was!
> **Andres:** Fraßen ab das grüne, grüne Gras
> Bis auf den Rasen
> **Woyzeck:** Es geht hinter mir, unter mir (stampft auf den Boden) hohl, hörst du? Alles hohl da unten.
> Die Freimaurer!«

Da ist alles drin, Shakespeares Totengräberszene und große Geisterbeschwörung, Paranoia und Traum und die Panik des Nichts.

Einen ärmeren Hund als Woyzeck hat es bis dahin auf der Bühne nicht gegeben. Er stellt sich für Experimente zur Verfügung, der Doktor probiert die

Wirkungen einseitiger Ernährung, Erbsen, nichts als Erbsen, er lässt den Woyzeck mit den Ohren wackeln wie ein Esel.

Es sind Traumfiguren wie in Kafkas Romanen, wie in Schwarzweißfilmen: Da ist der Tambourmajor, der albern ausstaffierte Verführer, schiere Maskulinität – und da ist Marie, die sich verführen lässt, mit einem Paar Ohrringen, mit seiner Uniform, mit seinem Putz.

Woyzeck schuftet und schindet sich, denn sein einziger Luxus ist Marie. Oder die Liebe zu ihr. Und sie geht fremd. Er ersticht sie und wäscht sich das Blut in einem Teich ab. Archetypen des Triebtheaters. Marie sagt: »Ich bin stolz vor allen Weibern«, denn sie ist verfallen dem imposanten Mann, dem Stier. Während Woyzeck verängstigt ist und impotent und von allen verhöhnt. *Woyzeck* spielt in Büchners Seele.

Es war arm, dieses frühe 19. Jahrhundert, bitterarm, mit Epidemien, Kinderarbeit, Prostitution. 1846 war in Berlin jedes fünfte Kind unehelich es gab zehntausend Prostituierte und jedes Jahr ebensoviel syphilitische Erkrankungen.

In Großbritannien betritt zur gleichen Zeit ein anderer Armer der Weltliteratur die Szene, Oliver Twist. Um wie viel radikaler dieser Woyzeck ist. Ein einziger schnaubender zynischer Angriff gegen die Verhältnisse und einen ungerechten Gott.

Marie reut ihren erotischen Rausch und liest die Bibel. »Aber die Pharisäer brachten ein Weib zu ihm, im

Ehebruch begriffen.« sie blättert, ratlos, weiter, »Und trat hinein zu seinen Füßen und weinete und fing seine Füße zu netzen an …«

Sowas ist bisher nicht beachtet worden oder es wurde als Parodie auf Kirchenfrömmigkeit inszeniert, doch Maries Volksglauben ist so naiv und tief, dass sich selbst Ungläubige der Schönheit dieses Bildes kaum verschließen dürften.

Während der Arbeit an der vierten Fassung von *Woyzeck* erkrankt Büchner. Er sagt seine Vorlesung ab. Seltsam kraftlos ist er, Freunde helfen mit Suppe.

Büchner fiebert und redet wirr, dann wieder hat er Phasen einer gleichgültigen Normalität. Er ist der abwesende Prinz Leonce, dann schwärzt der Typhus seine Zähne, sein Fleisch, nun ist er Woyzeck, die Elendskreatur, das ganze Figurentheater glüht noch einmal auf, im Delir kehrt der Lenz in ihn zurück. Er ruft nach Jesus. Und schließlich: »Durch Schmerzen dringt man zu Gott.«

War er gläubig oder nicht? Die Frage ist doch viel interessanter und umkämpfter heutzutage, als die, wessen Klasseninteressen er vertreten hätte.

Natürlich kämpfte er mit jeder Faser seines Herzens für Rechte der entrechteten Kreatur und litt mit ihr, doch das Elend hätte er nicht nur im Hartz-IV-Empfänger gesehen, sondern auch in einer seelisch erloschenen Gesellschaft.

Die an sein Bett geeilte Verlobte Minna kann ihm noch die Augen schließen. Am 19. Februar 1837 stirbt Georg Büchner in seinem Bett in der Zürcher Spiegelgasse 14.

Aber er lebt und beunruhigt weiter.

Der Spiegel 40 / 2013

Shine on, you crazy diamond ...

Über Hölderlin und was Pink Floyd mit ihm zu tun hat

Kaum eine Geschichte entzündet die kollektive Fantasie so sehr wie die des schönen Götterjünglings, der der Sonne, der Wahrheit allzu nahekam und abstürzte in die dunkle Nacht des Wahns.

Hunderttausende gedachten dieser Legende bei jenem Konzert, das Pink Floyd vor gut 15 Jahren im Hydepark gab, ihr letzter gemeinsamer Auftritt, und sie spielten »Wish you were here«, Feuerzeuge und Handys leuchteten in dieser Nacht, und der, den sie feierten, schwebte als skurriles Plastikschwein angeleint über der Bühne, denn Syd Barret, ihr Gründer, ihr charismatischer Songschreiber, ihr Genie, hatte sich viel früher schon, bereits auf dem Höhepunkt des Summer of Love 1967, mit einer Überdosis LSD hinauskatapultiert in die Stratosphäre des Irreseins.

Ein Jahr nach diesem Hyde-Park-Memorial seiner Bandkollegen starb er, nachdem er fast vierzig Jahre, der Welt und ihnen entfremdet, weitergelebt hatte. Und Pink Floyd sangen ihm hinterher »Shine on, you crazy diamond«. Denn das hatten alle über ihn gesagt, die ihn kannten: Er leuchtete.

Man kann kann sich gut vorstellen, dass sich Novalis und Brentano und die anderen der Goldenen Horde der Romantiker später an ihren Freund Hölderlin ähnlich erinnerten, denn »der arme Holterlin« saß umnachtet, aber wach in seinem Turm in Tübingen, auch er ein Götterliebling, auch er schön und leidenschaftlich, Pionier einer Bewußstseinsrevolte, romantischer Astronaut, ein Seher, ein Priester … »come on you prophet, you seer of visions, shine!«

Hölderlin ist die Kultfigur der deutschen Literatur. Das ungelöste Rätsel, an dem zu seinem 250. Geburtstag, erneut herumgekaut und gedeutet werden wird, Hölderlin, Geheimtip schon zu seinen Lebzeiten, richtig wiederentdeckt erst im 20. Jahrhundert, Stichwortgeber für Heideggers Meditationen, der in Hölderlins Odenverzückung das »Seyn« entdeckte, auch Stefan Georges Kunstpriestertum reklamierte ihn, aber ebenso die linke Künstler-Elite in den 70er Jahren des RAF-Terrors. Wie das?

Die Crazy-Diamond-Elegie Pink Floyds erschien 1975. Im gleichen Jahr begannen in Stammheim die Prozesse gegen die RAF und in Berlin saß Bruno Ganz in einer Grüber-Inszenierung in der Berliner Schaubühne am Rande des Ätna, in den er sich stürzen würde, und spielte Hölderlins *Empedokles* als inwärts gerichteten Monolog des Scheiterns.

Zwei paar Jahre später lief das Ensemble der Schaubühne in der Naziarchitektur des winterkalten Olympiastadion auf, unter Flutlicht, vor leeren Rängen, und sie sprachen Hölderlin-Verse aus dem *Hyperion,* und Margarete von Trottas RAF-Schwestern-Film trug den Titel *Bleierne Zeit* aus der Hölderlin-Elegie »Gang aufs Land«

Hölderlin, zur revolutionären Verzweiflungs-Chiffre erfroren.

Eine Berliner Altbauwohnung, die Schaubühne am Ku'damm liegt um die Ecke. Um den Kopf zu entspannen, zeige ich Rüdiger Safranski zum Auftakt unseres Gespräches Ausschnitte aus der Pink-Floyd-Show auf meinem iPhone.

Ein Animations-Film: Zu Klangschwaden bewegt sich ein Mann in ständigen Metamorphosen, er verdoppelt sich, krümmt sich in einen Kubus, verknotet sich, um sich zum Schmetterling zu öffnen und ins Blaue zu flattern und schließlich als fallendes Blatt zu Boden schaukeln, und Pink Floyd singen: »You reached for the secret to soon, you cried for the moon …«

Safranski lächelt und nickt: »Genau so.« Natürlich kennt er den Song.

Eine freundliche Buche wirft grünes Licht durch die Kassettenfenster, spiegelndes Parkett, großer Esstisch, darauf ein Foliant mit faksimilierten Handschriften, da ist die Elegie »Brod und Wein«, und Safranski blättert und besichtigt dabei Schlachtfelder aus Zeilen und Überarbeitungen und Stichworten, denn Hölderlin, dem größten Hymniker unserer Sprache, ging es exaltiert um das Glück der poetischen Vollkommenheit – »denn was bleibet, stiften die Dichter«.

Man muss sie laut sprechen, muss sie singen diese fallenden Zeilen im alkäischen Versmaß, etwa die Ode an die »Parzen«, denn »odä« heißt im Griechischen Gesang:

> Nur Einen Sommer gönnt, ihr Gewaltigen!
> Und einen Herbst zu reifem Gesange mir,
> Daß williger mein Herz, vom süßen
> Spiele gesättiget, dann mir sterbe.«

Darum geht es, um höchsten Einsatz, nur ein Mal Erfüllung, und »ist mir einst, das Heilge, das am Herzen mir liegt, das Gedicht gelungen« … dann will er gerne zu Hades ins Schattenreich. Der Einsatz: sein Leben.

Mit ihren 320 Seiten ist Safranskis Biografie weniger voluminös als die Vorgänger-Biografien (Schiller, Goethe, Nietzsche, Heidegger, Schopenhauer, E. T. A. Hoffmann, die Jenaer und Heidelberger Romantiker), aber sie ist gleichzeitig sein glühendstes Buch, eine Liebeserklärung, wie anders auch kann man über den »armen Holterlin« schreiben?

In Safranskis Lakonik liegt eine traumwandlerische Sicherheit, eine philosophische Präzision, die in den Vorgängerbiografien, vor allem im Romantik-Buch, bereits ausgearbeitet war. Denn Deutschland um 1800, das war nicht nur ein poetischer Weltwurf, sondern gleichzeitig ein philosophischer Urknall. Beides trifft in Hölderlin aufeinander.

Und Safranski weiß zu erzählen von Poesie und Philosophie. Da ist der genialische Johann Gottlieb Fichte mit dem Experiment des Ichs vor der weißen Wand, das er seinen Studenten empfiehlt (»alles was nicht Wand ist, ist euer Ich!«). Da ist der Schock durch den himmelentgötternden Kant, den »Maschinisten des Verstandes« mit seiner »rokokohaft konstruierten Spieluhr unseres Wahrnehmungs- und Erkenntnisapparats«, der an einem der Greifarme allerdings auch die »produktive Einbildungskraft« befestigt haben wollte, jene lebendige Energie, die den Betrieb erst befeuert und Hölderlin durchaus zur Dichtung ermuntert.

Ideengeschichte als Abenteuerroman.

Hölderlin, 1770 in Lauffen am Neckar geboren, herangewachsen in Nürtingen, ein Blumenkind unter heiterem Himmel, viele Gedichte erinnern an diese Unschuldsjahre, dann jäh aus dem Paradies gerissen, denn er sollte Prediger werden und wurde, nach dem Absolvieren der Lateinschule, von seiner Mutter in die Klosterschule in Denkendorf gesteckt, wo er in einer

59-Stunden-Woche, mit mehrmaligen Gottesdiensten täglich, Griechisch, Latein und Hebräisch lernte.

Er hält Probepredigten, etwa über den Hebräerbrief des Paulus. Pietistische Selbstbesinnung in den Briefen an die Mutter, Seelennöte und Gefühle werden »so virtuos hin und her gewendet«, dass ihm Safranski die fromme Zerknirschung, er liebe Gott nicht genug, nicht ganz glauben mag.

Doch heftigste Stimmungsumschwünge, von Verzückung zur jähen Verzweiflung, ziehen sich durchs Leben.

Anschließend die Klosterschule Maulbronn und dann das Tübinger Stift, wo er sich mit Hegel und dem Wunderkind Schelling eine Stube teilt. Alle sind sie hingerissen vom Freiheitstaumel der französischen Revolution. Schillers Räuber und Karl Moors feurige Rede auf den Tyrannenmord radikalisieren die Köpfe, die Zimmergenossen gründen die »unsichtbare Kirche«, ein schwärmerisches idealistisches Frühprogramm.

Das Ziel: eine »neue Mythologie« für die Landsleute, heute hieße sowas prosaischer »ein neues Narrativ« für die Nation.

Sie finden Entspannung im Wirtshaus. Zu Hölderlins Klavierbegleitung singen sie Schillers »Lied an die Freude«, sie bechern und debattieren und als Hegel einmal angeheitert zurückkehrt ins Stift, ruft ihm einer zu: »Oh Hegel, du säufscht di a no um dei letztes bissle Verstand!«

Und sowas zu Hegel!

Mit 17 sieht Hölderlin aus wie ein junger Gott. Schon in Maulbronn schwärmen die Mädchen, besonders die Tochter des Klosterverwalters, und möglicherweise auch Jungen, und wenn er sich im Stift Essen im Speisesaal holte, sagte man, es sei, als »schreite Apoll durch den Raum«!

Und ja, er bleibt Träumer und weiß, als er 1793 das Stift verlässt, dass eine Verbürgerlichung als Pfarrer für ihn nicht in Frage kommt. Dichterfürst ist attraktiver und verdient den ganzen Einsatz, was er der Mutter verschweigen muss, die sein beträchtliches Erbe verwaltet.

Rund zehn Jahre bleiben ihm, bis er verglüht.

Der vergötterte Schiller verschafft ihm eine Stelle als Hauslehrer bei Charlotte von Kalb, die ihm einst regelrecht verfallen war, und er vergaß nicht hinzuzufügen: »Auch wird Ihnen sein Äußeres gefallen«. Hölderlin wiederum war begeistert von der Aussicht, durch Charlotte von Kalb in Schillers Nähe zu kommen. Sie sind schon kompliziert, diese romantischen Schnittmusterbögen.

Als Hauslehrer des heranwachsen Knaben allerdings wird er mit einem unerwarteten Problem konfrontiert – der kleine Fritz onanierte wie verrückt und damals galt das als gesundheitszerstörende und geisteszerrüttende und überhaupt moralisch verwerfliche Freizeitbeschäftigung, weswegen der Hölderlin nächtelang am Bett des Jungen Wache hält, bis er bald selber erschöpft ist.

Das Hauslehrer-Gastspiel wird bald abgebrochen, doch Charlotte von Kalb bleibt ihm schützende und fördernde Muse.

Schon im Stift hatte er begonnen, an einem Roman aus dem Griechenmilieu zu arbeiten, er träumte sich in Briefen an seinen Freund Neuffer unter die Platanenhaine der Ägäis, in Platons Schülerschar, an die Gastmahle der Helden, »ein lichterloher Augenblick seines Lebens« (Safranski) –, und Romane sind das Ticket fürs große Publikum, Deutschland las, vor allem taten es Deutschlands Frauen.

Er träumte sich in einen Helden, Hyperion sollte er heißen, der sich in Briefen an seine geliebte Diotima ergießt, und wer hätte nicht von ihm abgekupfert für den eigenen Gefühlshaushalt in den bleiernen 70er Jahren.

Das Verrückte: Während die Weimarer Klassik mit Winkelmanns Ideal (»edle Einfalt, stille Größe«) die Antike als artistisches Imitat auf die Tagesordnung setzt, nimmt Hölderlin sie wörtlich.

Tatsächlich ersetzt Hölderlin seinen Gottesglauben, den er in einigen Predigten im Stift bereits erprobt hatte, durch den an die antiken Götterwelt, so dass sich Jesus, »des Syrers Sohn«, in seiner Elegie *Brod und Wein* als Umgestaltung des Dionysos entpuppt.

Hölderlins Hyperion, Heldenname in der Illias, zieht fort in ein Traumland unter dorischen Säulen, er katapultiert sich mit seinem Hyperion »exzentrisch« hinaus aus der schlechten Gegenwart der Fürstenwillkür und der stumpfen Rohheit der Menschen, hinaus in die Hoffnung auf eine neue »Einfalt« unter der versöhnenden Macht der Schönheit, in der Natur und Mensch wieder harmonieren werden, ein Vorgriff auf jene dionysische Verzückung, die hundert Jahre später Nietzsche elektrisieren wird – das Leben ein Sinnen-Fest!

Schiller druckt ein Hyperion-Fragment, Hölderlin fühlt sich angenommen. Doch er bleibt, mittlerweile in Jena, verkrampft (»ernst«) in Gegenwart seines Idols, eine Zufallsbegegnung mit Goethe, den er nicht erkennt, vermasselt er völlig. Der wiederum unterschätzt den Jüngling grotesk – er empfiehlt ihm über kleinere Gegenstände, Idyllen zu reimen.

Mittlerweile haben die Wochen der Pariser »Terreur« auch die Jakobiner-Köpfe rollen lassen und Napoleons Heere ziehen durch die deutschen Kleinstaaten, sie bringen den Code Civil und Republikanisches, aber auch Zerstörung.

Hölderlin drückt ihm insgeheim die Daumen für den Sieg über der Koalitionsheere der Fürsten, denn er erwartet von diesem stolzen »Weltgeist zu Pferd« (Hegel) die Zerschlagung der engen deutschen Verhältnisse.

Durchaus blutrünstig schreibt unser Göttersohn an Freunde, wie das Volk in Coburg »den Patriziern durchaus etwas vom Aufhängen zu verstehen gegeben« habe. Tatsächlich ist er da ein früher RAF-Sympathisant – ohne Maschinengewehr und Bomben, sicher, aber mit Fantasien voller Sprengkraft.

Ausgerechnet Napoleons Verheerungen sorgen gleichzeitig für die erfülltesten Herzensstunden in Hölderlins Leben. Mittlerweile nämlich hatte er Lehrerstelle im Hause des Bankiers Gontard angetreten, und dessen junge Frau Susette, schwärmerisch und schön, verliebte sich so sehr in Hölderlin wie er sich in sie, dass er sie fortan, in seiner Gestalt als Hyperion, als Diotima andichtete.

Als Gontard Frau und Kinder vor den heranrückenden französischen Heeren aus Frankfurt schickt, pausieren die beiden an den Heilquellen von Bad Driburg, wo sie sich so nah kommen, wie nie wieder mehr. Tatsächlich: Der erfüllte Augenblick.

Ein paar Jahre darauf, schon im Vorschatten der Umnachtung, bringt er »Hälfte des Lebens« zu Papier. Ein gänsehauttreibendes Gedicht, denn es schaut vom Gipfelpunkt der Erfüllung, dieser der zwei »holden Schwäne, trunken von Küssen« auf die zweite Lebenshälfte, in den nichtendenden Winter:

Mit gelben Birnen hänget
Und voll mit wilden Rosen
Das Land in den See,
Ihr holden Schwäne,
Und trunken von Küssen
Tunkt ihr das Haupt
Ins heilignüchterne Wasser.

Weh mir, wo nehm' ich, wenn
Es Winter ist, die Blumen, und wo
Den Sonnenschein,
Und Schatten der Erde?
Die Mauern stehn
Sprachlos und kalt, im Winde
Klirren die Fahnen.

Heute hängt das Gedicht, auf Glas graviert, in einem Hölderlin-Hain im Gräflichen Park Bad Driburg, wo die nachempfindende Hausherrin Annabelle von Oyenhausen Romantik-Festivals veranstaltet. Hölderlin schickte es um 1803 an seinen Verleger mit anderen »Nachtgedichten«, die lange als Zeichen seiner geistigen Zerrüttung gedeutet wurden.

Was hatte ihn aus der Bahn geworfen? Nachdem ihn der Bankier Gontard in verfänglicher Nähe zu einer Frau überrascht hatte, warf er den Dichter aus dem Haus. Der kehrte gebrochen zurück nach Stuttgart und dennoch, das Wunder, in diesem Sommer 1800 gelingen ihm die schönsten seiner Oden und Elegien, »Der Neckar«, »Gang aufs Land«, »Stutgard« und schließlich *Brod und Wein,* diese Götterreise, die Safranski nicht nur vollständig zitiert, sondern auch luzide interpretiert.

Es sind noch drei Jahre bis zum Zuammenbruch.

1802 war Hölderlin nach Bordeaux aufgebrochen, um eine neue Stelle anzutreten. Das heißt: Er lief zu Fuß. Damals lief man los, wie Gottfried Seume, der sich zu Fuß nach Syrakus aufmachte.

Er war dann also mal weg. Drei Wochen lang durch Räubergebiet, Schnee und Regen, mit geladener Pistole über die eisigen Höhen der Auvergne, um schließlich nur einige Wochen beim hamburgischen Konsul Meyer in Bordeaux zu bleiben und bacchantisch Karneval zu feiern und dann überstürzt den Rückweg anzutreten. Ein wiederholter Abbruch, wie schon zuvor in Jena, in der Schweiz.

Er durchquert die Vendee, wo ein Bauern-Aufstand gegen die Revolutionäre blutig niedergeschlagen worden war, er ist erschüttert »vom Feuer der Himmel und der Stille der Menschen«, man könne sagen »daß mich Apoll hat geschlagen«. Aber erschütternder wohl die Nachricht, dass seine Freundin Susette im Sterben liegt.

Völlig zerrüttet kommt er in Stuttgart an, sein Freund Waiblinger erkennt ihn zunächst nicht, lange Haare, Bart, »mit ungeschnittenen langen Nägeln«

beugt er sich über den Tisch und gibt »mit dunkler, geisterhafter Stimme« seinen Namen preis: »Hölderlin«. Weiter nach Hause, nach Nürtigen, wo er tobt und Mutter und Schwester aus dem Hause treibt.

Hat sie, wie er vermutet, in seiner Abwesenheit, die Kiste mit den Liebesbriefen Susettes geöffnet?

Er beruhigt sich wieder. Nachdem ihm sein Freund Sinclair eine Stelle als Hofbibliothekar verschafft hat, widmet Hölderlin dem Landgrafen 1804 die Hymne »Patmos«, schon auf der Klippe, die mit den berühmten Zeilen anhebt

> Nah ist
> Und schwer zu fassen der Gott
> Wo aber Gefahr ist, wächst
> Das Rettende auch …

Nach einer Anklage wegen politischer Verschwörung, die ihn erneut tief verängstigt und zur Zwangseinweisung ins Klinikum Tübingen führt (die Atteste befreundeter Ärzte entziehen ihn damit gleichzeitig der staatlichen Nachstellung) findet sich schließlich 1807 ein Schreiner am Ort, der ihm in seinem Turm, einem zum Haus ausgebauten Rest der mittelalterlichen Festungsanlage, aufnimmt.

Wie klagt Hyperion in seiner Scheltrede über die Deutschen? »Handwerker findest du, aber keine Menschen …«? Nun, hier war einer, und was für einer!

In der familiären Fürsorge des Schreiners lebt er dahin, weitere 34 Jahre, auf einem Stehpult aufgeschlagen der *Hyperion*.

Sicher, so Safranski schließlich im Gespräch in seiner Berliner Wohnung, er weiß, dass er der bedeutende Hölderlin ist, er empfängt Besuch und fragt höflich »Derf es zm Abschied e Gedichtle sei? Und welche Gägestand hettet Sie denn gern, der Zeitgeischt vielleicht oder ebbes über die Natur?«

Und dann dichtet er, er klappert belanglose Reime, und schlägt mit der Linken den Takt und unterschreibt schwungvoll mit »Scardanelli« und datiert willkürlich, mal 1713, mal 1940.

Der graubärtige Safranski beherrscht das Schwäbische, er wuchs dort auf in der Nähe Hölderlins. Graubärtig, keine Pfeife mehr im Mund wie früher, konzentriert, er spricht druckreif, verknüpft Argumente, vertieft, eher angenehmer Lehrdialog als Gespräch, er erläutert die »Verknotungen des Philosophierens beim späten Hölderlin, da ist dann kein Raumgewinn mehr«.

Für ihn bedeutet der *Hölderlin* wohl den Schlusstein seiner Dichter- und Philosophen-Bücher, ein Buch mit dem Untertitel »Komm!, ins Offene, Freund!« könnte nicht besser passen. In allen Büchern des Philosophie-Schriftstellers ist es das geheime Thema, dieser Transzendenzbezug, diese Beschwörung, dass wir offenbleiben.

»Bei Hölderlin ist das Offene das Göttliche, ein anderer, ein gelöster Bewußtseins-Zustand, in dem erst ein wirklicher Austausch zwischen den Menschen möglich ist. Ohne das Göttliche wird es eng unter den Menschen.«

Wir nehmen letzte Schlucke vom Tee, den uns Safranskis Frau Gisela hingestellt hat, und sprechen über die verschlungene und verwirrende Rezeptionsgeschichte dieses geheimnisvollsten deutschen Dichters.

Am Ende seines Buches nimmt Safranski die Losung des Offenen von vorne noch einmal auf, denn Hölderlin merkt an, dass ihm vielleicht »zuviel von den Göttern ward«. Safranski: »Und ich befürchte, dass uns Nachgeborenen zu wenig von den Göttern ward, um ihn noch angemessen verstehen zu können.«

Der Gegensatz dazu wäre »die bleierne Zeit«, wie es in dem Gedicht »Gang aufs Land« heißt. »Die bleierne Zeit« wurden die 70er Jahre des RAF-Terrors genannt, Margarete von Trotta nannte ihren Ensslin-Film so. Es waren Jahre der unterschiedslosen Sympathisantenjagd auf alles, was links war.

Tut sich die Frage auf: Wie kommt es, dass die Sympathisantenhetze nun unter anderen Vorzeichen zurückkehrt, in einer neuen bleiernen Zeit, nämlich als großangelegte und unterschiedslose Jagd auf rechts? Das ist doch ein grotesker Paradigmenwechsel!

»Nun, es liegt wohl ganz einfach daran, dass diejenigen, die in der 70ern sozialisiert wurden, mittlerweile in Machtpositionen vorgerückt sind und die Diskurshoheit erlangt haben.«

Tatsächlich war Hölderlin damals eine Kultfigur der Linken, nachdem er doch zu Anfang des 20. Jahrhunderts eher von rechts wiederentdeckt wurde, vom George-Kreis, von Heidegger, der in ihm einen poetischen Bruder im Geiste sah.

»Schuld war wohl die Biografie des großartigen Pierre Bertaux, Germanist und Geheimdienstfachmann der Résistance, der Hölderlin so sehr liebte, dass er nicht wahrhaben wollte, dass er zerrüttet war. Seine These: Hölderlin habe sich verstellt, um den politischen Nachstellungen zu entgehen.«

Safranski lächelt und schüttelt den Kopf. »So eine Rolle 34 Jahre lang zu spielen und gleichzeitig eine nachlassende poetische Kraft zu simulieren, das kommt mir doch sehr unwahrscheinlich vor.«

Dennoch wurde Hölderlin dadurch weit als Revolutionär in den Vordergrund geschoben. »Da gab es die berühmte Frankfurter Ausgabe, die noch die letzten Wortfetzen und Notizen dokumentierte, um mit dieser editorischen Arbeit den geheimen Hölderlin zu entziffern«

»Sozusagen ein Palimpsest der Revolution?«

»Genau. Editorische Verfahren sind ja von Haus aus eher objektiv ausgerichtet – doch hier ging es um das linke Erkenntnisinteresse.«

War es also ein linker Reinheits-Test, getragen von Antifa-Energien, weil er, besonders mit der Elegie »Tod fürs Vaterland«, die von den Wehrmachtssoldaten im Tornister in die Schlacht getragen worden war, als Rechter zu reklamieren wäre?

»Na ja, von den Gebildeten. Dennoch eine abscheuliche Instrumentalisierung durch die Nazis. Daher nun die linke Vereinnahmung. Dazu kam dann noch eine zweite Aneignungswelle, die durch Foucault ausgelöst wurde, denn der sprach dem Irresein eine besondere Wahrheit zu, die nur ausgesprochen werden kann von den von der bürgerlichen Gesellschaft Ver-Rückten, so wurde Hölderlin zur linken Erlöserfigur, geschlagen und gekreuzigt von den schlechten Verhältnissen.«

Wir brechen auf, noch einmal möchte ich ins »Ciao«, das legendäre italienische Restaurant an der Schaubühne, in dem man früher Otto Sander oder Jutta Lampe begegnete. Das allerdings gibt es nicht mehr, sowenig wie Sander und Lampe, da ist nun ein Türke eingezogen, so nehmen wir Platz auf der anderen Straßenseite in einem Lokal, dass der einstige »Ciao«-Besitzer dort aufgemacht hat.

Safranskis Gisela wartet dort bereits. Durchs Restaurantfenster die Schaubühne, die so große Tage unter Peter Stein erlebt hat. Sie annonciert auf Großplakaten Horvaths *Jugend ohne Gott,* unter Werbebegriffen »erotisch, politisch, moralisch«, für eine Jungend ohne Bildung. Ich war dort in einer albernen sehr jugendlichen und sehr unmoralischen, auch unerotischen Inszenierung als NPD-Kandidat abgebildet worden, für andere konservative Publizistinnen wie Bettina Röhl oder Birgit Kelle wurde der Kopfschuss empfohlen.

»Das wundert mich überhaupt nicht mehr, wir erleben entsetzliche Zeiten der Verdummung und des Nuancenverlustes«, womit Safranski ein Wort seines Freundes Peter Sloterdijk aufgreift, der in seine Nähe gezogen ist.

Wir bestellen unsere Pasta und roten Wein, bei Safranski ist es immer roter, und reden über das andere Buch, das zeitgleich mit seinem *Hölderlin* erscheint.

Im Gespräch mit dem ehemaligen Hanser-Verleger Michel Krüger und dem Schweizer Germanisten Martin Meyer, Titel *Klassiker!*, das empathische Ausrufezeichen ist wichtig, wird über den Verfall der intellektuellen und literarischen Neugier zugunsten einer platten Politisierung debattiert und erinnert.

Auch Safranski predigte einst die Revolution und »büßte seine luxurierende Klassenlage« durch strenge Zwölfstundentage im Dienst der KPD-AO (Aufbauorganisation) und Flugblatt-Verteilen vor den Werkstoren ab.

Heute schüttelt er den Kopf, doch er differenziert: Zunächst war mit den 68ern durchaus ein Durchbruch ins Offene verbunden, da war die Neugier, der Lesehunger, Norbert Elias, Adorno, Wilhelm Reich, die Psychoanalyse …

Die Versteinerungen kamen in den 70ern, aus denen er sich mit seiner E.T.A. Hoffmann-Biografie befreite. Zunächst war sie als Habilitationsschrift gedacht, doch die Uni fand sie zu belletristisch, der Verlag Hanser zu akademisch.

»Gottseidank habe ich mich für die Schriftstellerei entschieden«. So hat er seine Leidenschaft zum Beruf gemacht, sagte er. Nun, da er einem Interview über die Flüchtlingskrise, wie er sagt, »mit verleumderischer Absicht zu den Rechten« gezählt wird, hat er während der Arbeit am *Hölderlin* an die Kritiker gedacht?

»Nein, ich habe genau das Buch über Hölderlin geschrieben, das ich selber gerne lesen würde.« Bei allen seinen Werken war das der Fall.

Ein letztes erhobenes Glas. Was wird denn nun aus dem armen Holterlin, dem Rätsel, dem Märtyrer, dem Götterjüngling für uns?

Vielleicht wird Safranskis *Hölderlin* beim heutigen Leser, dem Einzelnen, egal welchem Lager er in dieser tief in Freund und Feind gespaltenen Nation zugeschlagen wird, ankommen wie eine Flaschenpost. Vielleicht, sagt Safranski, wird zumindest ein »Verlustschmerz« geweckt. Hölderlin lebt weiter in seinen Gedichten und leuchtet ... shine on, you crazy diamond!

Und dann erzählt Safranski die Geschichte von dem chinesischen Künstler, die er in Ernst Blochs *Spuren* entdeckt hat. Der lud seine Freunde ein, das Gemälde zu besichtigen, an dem er Jahrzehnte gearbeitet hatte.

Sie beugen sich über das Bild, »wunderschön« sagen sie, da ist ein Weg, der über einen Steg führt hinauf zu einem Haus.

Und plötzlich bemerken sie, dass der Künstler nicht mehr unter ihnen ist. Nun schauen sie genauer hin, und entdecken, dass der Künstler eben jenen Weg auf dem Gemälde nimmt, hin zu dem Haus, wo er sich noch einmal umdreht und seinen Freunden winkt und dann im Haus verschwindet.

Ach Hölderlin!

Wie singen Pink Floyd so richtig? »How I wish you were here …!«

Die Weltwoche Oktober / 2019

Der Weltalltag im Kopf

Mit James Joyce zum Blooms-Day in Dublin

Würstchen oder Niere, damit fängts schon mal an.

»Denny's« spendiert der Stadt Dublin ein so genanntes Bloomsday-Frühstück für 10 000 Leute. Es besteht aus Brötchen und Würstchen, statt Nierchen. Und Limonade. Bier gibt's nicht.

Das heißt, es ist alles buchstäblich voll daneben: Was Leopold Bloom, Held des Joyceschen Jahrhundertwerks *Ulysses,* am Morgen dieses 16. Juni 1904 sich und seiner Frau Molly beim Metzger Dlugacz zum Frühstück kauft, sind Nierchen. Und es ist das Mädchen neben ihm, das sich Würstchen ins Einwickelpapier klatschen lässt.

Aber so ist das mit den Dichter-Feiern. Von Werktreue keine Spur.

Klar auch, dass Joyce auf den Fußgängerzonenbildern in der Grafton Street total verfehlt wird. Joyce als intellektuelles Wappentier fürs prosperierende Boom-Dublin, Zwicker und Stöckchen, der Charlie Chaplin der literarischen Rätselecken, zum Quietschen.

Dennoch und trotz allem: was für ein Tag, dieser Bloomsday. Und wie glücklich das Land, das seine dichterischen Erfindungen so ausgiebig feiert wie andere nur Schlachten. Wahrscheinlich kann nur in Irland, dieser grünen Luftspiegelung im Meer, ein fiktiver Tag den wirklichen Kalender erobern. Nicht, dass es nicht auch hier Gemetzel gäbe, gerade hier. Aber hier wird alles Traumstoff, Legende, und besonders dieser 16. Juni, an dem Bloom in Joyces Roman die Welt erobert.

»Wir haben sonst nichts in Irland«, sagt der Schriftsteller Hugo Hamilton. «Wir haben nur unsere Geschichten.«

Dabei ist James Joyce (1882–1941), als er noch in Dublin lebte, so ziemlich allen auf die Nerven gegangen. Er hat sein Land von Herzen verachtet, eine »alte Sau« hat er es genannt und es bereits 1904 verlassen.

Der *Ulysses* war verboten, und die Joyce-Geschichten über seine »Dubliner« wurden vom Drucker verbrannt. Doch heute küsst die Stadt ihren Anarchisten. Das hat sie übrigens mit allen getan. Manchmal hat sie sie gehenkt. Verehrt hat sie sie immer.

James Joyce ist ganz heute. Er ist Meister des Hype. Weste, Spazierstock, gute Tenorstimme, immens gebildet, besoffen von der eigenen Größe. Er hatte noch keine Zeile veröffentlicht, da verlangte er kostenlosen Eintritt in die Theater Dublins mit den Worten: Lassen Sie mich durch, ich bin James Joyce.

Und am Zweiten Weltkrieg, nun längst durchgesetzt, störte ihn vor allem, dass er ihm die Wirkung seines in einer nahezu unverständlichen, neugebauten Sprache geschriebenen *Finnegans Wake* zu vermasseln drohte.

So einer hätte die heutigen Talkshows im Sturm erobert, und er hätte sich nicht einmal davor geekelt, wenn er dafür bezahlt worden wäre, denn er war ein Schnorrer. »Man sollte mich auf Staatskosten erhalten, weil ich fähig bin, das Leben zu genießen.« Die einzige Widmung, die er je verfasste, schrieb er sich selbst, über das »erste, echte Werk meines Lebens« – Titel »Eine glänzende Karriere«.

Joyce ist kein guter Einfluss, wenn man von sich selbst ausnüchtern möchte. Er ist größenwahnsinnig. Die Frage ist natürlich die, ob man jemanden größenwahnsinnig nennen kann, der den *Ulysses* zu Stande bringt.

Dieser ist bis heute das Meisterstück des Hype. Er glänzt in der Literaturlandschaft, gerade weil er ungelesen ist, ragt hoch und schwarz wie der Monolith, den die Urhorde anstaunt am Beginn der Kubrickschen Film-*Odyssee im Weltraum*. Das wäre ungefähr der Bildungsabstand zur »Big Brother«-Meute.

Er ist obszön, blasphemisch, skandalös, und deshalb versucht man sich mit 17 an ihm, wo man genial ist und scharf aufs Armdrücken mit Genies. Man springt rein wie in eine Mutprobe, lacht sich an Stellen scheckig, ermüdet dann schnell, rettet sich dann bald ans seichte Ufer irgendwelcher gerade angesagten Pop-Literaten-Babys.

Später liest man das erneut und staunt in der Fülle der Motive und Anspielungen.

Die antireligiösen Schocks sind vielleicht verbraucht, innere Monologe kennt man aus jedem zweiten Reporterstück, das Schema schimmert durch im zerebralen Geschiebe der Figuren, doch man verläuft sich immer noch lustvoll in der gewaltigsten Romanlandschaft der Moderne.

Mehrere Anläufe musste Joyces Großnichte Helen Monaghan machen, bis sie den *Ulysses* bewältigt hatte, und das war in einer Lesegruppe, also im schützenden Geleitzug.

Helen hat rote Haare, ein Gesicht aus Honig und runde Arme wie Blooms Molly. Sie ist Chefin des Joyce-Zentrums, und in einer Glasvitrine sammelt sie phantastische *Ulysses*-Objekte, wie jene Talisman-Kartoffel, die Bloom in der Tasche mit sich herumträgt, oder einen Bowler-Hut, eine Absinth-Flasche, lauter Fundstücke aus der Wirklichkeit, die an den Strand der Joyceschen Erfindung getrieben sind.

Helen wäre nicht bei der Stange geblieben, wenn nicht schließlich in Kapitel Nummer vier des *Ulysses,* dem »Kalypso«-Kapitel, der schwerbäuchige, melancholische Bloom aufgetaucht wäre. Stephen Dedalus, das Alter Ego des jungen Joyce, der Poet in seiner brillanten Geschwätzigkeit, ließ sie kalt. Es ist der gereifte Bloom, der Jude, der Außenseiter und gehörnte Ehemann, der sie gewann.

Der 16. Juni 1904. Blooms Tag. Ein Alltag, so umfassend und genau beschrieben, wie es nie vorher geleistet wurde. Als diese ungeheuerliche, vielschichtige Ehrenrettung des Gewöhnlichen 1922 schließlich erschien, diese Pflastertretereien, die durchflüstert sind von der *Odyssee,* der *Göttlichen Komödie* Dantes, der Bibel, Shakespeares *Hamlet,* da verneigten sich hellsichtige Zeitgenossen wie Hemingway und Ezra Pound. Mit dem *Ulysses,* meinte T. S. Eliot, habe Joyce das 19. Jahrhundert umgebracht.

Und seither ist Dublin ein offenes Buch. Jeder Pflasterstein ist beschrieben. Jede Gasse, jeder Pub, jedes Denkmal ein Lesezeichen.

Zwischen acht Uhr morgens und zwei Uhr nachts legt Leopold Bloom eine Strecke von 29 Kilometern zurück, 13 davon zu Fuß. In Wahrheit aber reist er durch All und Zeit, zwischen Antike, Helsingör und Bettlaken. Eine Weltreise im Kopf.

Er weiß, dass seine Sirene Molly, die Konzertsängerin, ihm untreu werden wird an diesem Tag. Er selbst hat eine Freundin. Er kaut an seiner Eifersucht und geht seinen Anzeigengeschäften nach, er denkt wie wir alle entweder voraus oder zurück. Nur selten ist er, wo er ist, so wie wir alle. Die Leistung von Joyce: das Denken als Abenteuer zu entdecken.

Warum nicht zum Glasnevin-Friedhof? Bloom bricht nach seinem Nierchen-Frühstück dahin auf, um Paddy Dignam die letzte Ehre zu erweisen, im »Hades«-Kapitel – alle Kapitel waren ursprünglich nach Episoden aus der *Odyssee* benannt, verlaufen parallel zu ihnen, um ihnen über die Zeiten hinweg zuzurufen.

Der Kutscher bringt den schaukelnden Bloom quer durch die Stadt, und hundert Jahre später sagt der Taxifahrer, der an versteinerten Helden vorbeifährt und an der ganz neuen Riesennadel, die nichts darstellt als, na, eine Nadel, dass er von den Pubs und den Weibern und Dublin auch so einiges versteht, da könnte er leicht so ein Buch schreiben.

Jeder ist Bloom in Dublin, Bloom ist Jedermann.

Also fährt der Reporter in seiner Eigenschaft als Bloom Taxi durch die Stadt, und er denkt an die Geschichte, die er zu schreiben hat, und an das Geblase, an die Aiolos-Episode vom Abend zuvor, den Empfang, Ex-Journalisten, blabla, die über die Verluderung der Branche blabla gemacht haben, und dann Toast, Kristallgläser – am schlimmsten sind immer die, die auf die andere Seite gemacht haben mit ihren gut zugeschnittenen kulturpessimistischen Frömmeleien.

Wie sympathisch Bloom dagegen, durchgewetzte Rockärmel, Eifersucht und Ehebruch im Kopf, gutmütiges Handwerk in der Redaktion, es ist nicht die Bibel, um die es da geht, sondern es geht um Zeitung, wo nun mal heiße Luft produziert wird, mal niveauvoll, mal weniger, alles zusammen bisweilen jene günstigen Winde erzeugend, die Regime stürzen und, eventuell, den Helden Odysseus in die Arme seiner Frau heimsegeln lassen.

So verläuft der *Ulysses,* wenn man ihn liest, indiskret und sprunghaft, wie die Tagträumereien während einer U-Bahn-Fahrt, jeder kennt das.

Bloom also auf dem Friedhof, er meditiert über die verblichenen Patrioten der irischen Geschichte, der Friedhof ein Schlachtfeld, und hundert Jahre später ist es John Woods, der pensionierte Rasenpfleger (Fußballfelder, Golfplätze, Cricketwiesen), der sich mit seiner Frau Donna vom Friedhofhistoriker Shane durch die Zypressenalleen führen lässt.

Nekropolis. 1,5 Millionen Tote. Für einen Erzähler sind das 1,5 Millionen Geschichten, und jeder Ire ist Erzähler. Vorn die Bischöfe und andere marmorne Kirchenfürsten, die Joyce verboten, weiter hinten die Linken, denen er es auch nie recht machen konnte, da hinten die Faschisten, Katholiken alle, und natürlich Freiheitsheld Michael Collins, der unlängst zum Filmheld geworden ist.

Dahinten ein ausgeschaufeltes Filmgrab, da wird gedreht. Frische Rosen auf Collins' Grab und Liebesbriefe. »Wo ist das Grab von Julia Roberts«, wird der Historiker immer mal wieder gefragt. Sie war Michael Collins' Freundin. Im Kino.

Schließlich, vorbei an all den keltischen Kreuzen aus grauem verwittertem Stein, eine kleine geputzte Tafel. Hier hinten liegt John Stanislaus Joyce, der Vater des Dichters, ein Trinker und ironischer Witzbold und jähzorniger Scheißkerl, der ein beträchtliches Vermögen durchgebracht hatte.

Ein paar Gräber sind hier noch frei auf dem Glasnevin-Friedhof.

Un was kostn das so, will das Ehepaar Woods wissen. Wie überall, sagt der Historiker, Lokäischn ist alles. »Location, location, location.« Bei den Bischöfen vorn am Eingang runde 20.000 Euro. Bei Michael Collins 40.000. Na und hier, bei Joyce, da ist schon für 3000 was zu haben. Das ist der Lauf der Dinge.

Das Leben hat Bloom wieder, als der den Friedhof verlässt, und auch hundert Jahre später werden im weiteren Tagesverlauf Kaschemmen abgeklappert, so wie es diese Referendarinnen aus Tübingen machen, die sich den »Pub Crawl«, die Kneipentour, antun. Das heißt: Sie nehmen mit zwei Schauspielern den Rundgang durch die Pinten, um sich mit Guinness und Bekkett und Brendan Behan voll laufen zu lassen.

In welcher Stadt gibt es das schon, dass ein ganzer Pulk von fröhlichen Trinkern über tückisches Pflaster Dichtern nachstolpert, etwa zum Trinity College, um sich dort Anekdoten über Oscar Wilde anzuhören, diesen Vorgängerskandal zu Joyce. Natürlich auch hier: Trinkeranekdoten. Mit von der Partie sind Baseballkappen-Besucher aus den USA, die den D-Day gefeiert haben und sich jetzt begeistern für die siegreiche Invasion erdichteter Figuren.

In einem der späteren Pubs kommt die Rede auf Nora Barnacle, auf Molly. Es ist im »Davy Byrnes«, wo in den fünfziger Jahren unter der Ägide Flann O'Briens der Bloomsday wiederbelebt wurde. Man ging damals übrigens nicht viel rum. Man verzichtete auf den Friedhof. Man trank.

Und stieß auf Nora Barnacle an, nicht zu knapp, denn der Bloomsday fällt nur deshalb auf den 16. Juni 1904, weil Joyce an diesem Tag von Nora Barnacle erhört worden ist.

Das klingt lyrisch und ist noch viel mehr als das. Es war himmlisch. Es war nämlich so: An diesem Tag hat sie ihre Hand in seine Hose geschoben und, wie er sich später schwärmend erinnert, »mein Ding in deine tastenden Finger genommen, dick und stark, wie er war, und mich sanft gerieben, bis ich durch deine Finger hindurch kam«.

Nicht also der Krieg zwischen Russland und Japan oder irgendein anderes dröhnendes welthistorisches Ereignis jenes Tages war es, das der *Ulysses* verewigte, sondern eine ganz private, wenn auch durchaus sensationelle Ejakulation.

Womit wir beim »Nausikaa«-Kapitel wären, dem berüchtigsten, weil verbotensten, das jene Onanieszene der Weltliteratur enthält, von der noch Legionen von Schriftstellern später leben, Roth und Amis und Franzen und Bukowski sowieso, und das die katholische Kirche zum Anlass genommen hatte, den ganzen Schmöker aus dem, na ja, Kalauern ist hier wohl erlaubt, Verkehr zu ziehen.

Die Szene also, in der Bloom, die begehrlichen Augen auf Gerty gerichtet, onaniert. Es ist halb neun Uhr abends an diesem warmen 16. Juni. Gerty steht am Strand, über einen Felsbrocken gelehnt, jeder Schritt, jeder Geruch, jede Stimmung dieses Tages ist kartografiert. Sie weiß, dass Bloom sie anschaut. Und sie gibt sich Mühe, dem schwarzen Troll in der Ferne alles zu zeigen, was sie hat, durch ihre Höschen, und dann illuminieren und zerfetzen hochgefeuerte Raketen den irischen Himmel.

Der Dubliner Schriftsteller Hugo Hamilton hat in Joyce einen Verbündeten gefunden. Es geht um einen Referendumsentwurf der Regierung, nach dem im Land geborene Kinder nur dann die Staatsbürgerschaft erhalten, wenn ein Elternteil mindestens drei Jahre in Irland gelebt hat. »Eine rassistische Kampagne«, sagt Hamilton. Er hat mit 16 weiteren Schriftstellern protestiert. Joyce hätte den Protestierern, zumindest, zugenickt. »Welcher Nation gehören Sie an?«, fragt ein pöbelnder Kneipenbesucher im »Zyklopen«-Kapitel den zaudernden Bloom, dem Gewalt zutiefst zuwider ist. »Irland«, sagt Bloom, »ich bin hier geboren.« Nun wird, hundert Jahre später, die gleiche Frage neu verhandelt.

Hamilton sitzt im »Golden Eagle« in der Nähe des Sandycove über seinem Guinness und erzählt von seinem irisch-pöbelnden Nationalistenvater, der zu Hause nur Gälisch geduldet hat, oder Deutsch, denn die Mutter kam aus Deutschland. Nachbarkinder haben Hugo vermöbelt. Sie haben Schauprozesse mit ihm angestellt. Er war Hitler, Eichmann, weil er Deutsch geredet hat. *Gescheckte Menschen* heißt das autobiografische Buch über seine Kindheit. So kommt es zu merkwürdigen Außenseiter-Allianzen: Bloom, der Jude, Joyce, der Ire, er, der Halbdeutsche – alle gescheckt für ihre Umgebung.

Wir laufen hinüber zum Martello-Turm über den Klippen, an den Forty Foot, wo die ganze Geschichte beginnt an diesem 16. Juni morgens. Und hinauf die Treppe, an Joyces Weste und Stöcken und den Vitrinen vorbei, ins Turmzimmer. Ein eisernes Bett steht da mit durchgelegener Strohmatratze, vor dem gusseisernen Ofen ein großer schwarzer Porzellan-Panther.

»Eigentlich stammt das Tier aus einer Plauderei von Stephen Dedalus«, sagt Hamilton. Irgendwann ist es der Museumswirklichkeit zugelaufen.

»Komm, leg dich ins Bett«, sagt er. »Joyce hat da geschlafen.«

Der Wärter verkauft unten Postkarten, und der Sog dieses Bettes ist unwiderstehlich. Draußen die rotzgrüne See, hier das Bett des Genies. Hugo macht das Foto, schnellschnellschnell. Dann will er selbst fotografiert werden.

Unten gibt es *Ulysses*-Kaffeetassen. Sie zu kaufen ist das Mindeste, was wir tun können, um den Frevel zu tilgen und den Sonnengott zu besänftigen.

Auf den Tassen sind die berühmten letzten Worte Mollys verewigt, der Schluss des *Ulysses*, dieses umwerfende Bekenntnis zum Leben und zur Liebe, von Molly, der untreuen, unwiderstehlichen Nudel: »... das Herz ging ihm wie verrückt und ich hab ja gesagt ja ich will Ja.«

So ist Bloom, der müde abendländische Held, der Aufklärer, der Dubliner, am Ende dieses langen Weltalltags am 16. Juni nach all seinen Reisen und Abenteuern endlich heimgekehrt nach Ithaka, ins Bett, in die Arme seiner Penelope.

Er hat ihr verziehen und sie ihm. Kann es ein schöneres Glück geben in diesen zerrissenen Zeiten?

Der Spiegel 25 / 2004

Küsse, Bisse, das reimt sich

Über das Duo Clever / Syberberg und Kleists »Penthesilea«-Raserei

Man müsste diesen Schrei bis ans andere Ufer des Sees hören. Kreisrund der Mund, die Augen weit aufgerissen, die Hände pressen sich an die Schläfen, als ob der Schädel zerspringen will. Wie eine schwarze Säule aus Schmerz steht sie da. Sie schreit sich die Seele aus dem Leib, und man hört keinen Ton. »Hier gehen wir raus«, sagt Syberberg, und der Cutter in dem kleinen MAZ-Studio am Berliner Wannsee drückt auf einen Knopf seines Keyboards.

Das stumme Bild auf dem Monitor zerrieselt. »Die sollen ruhig merken, dass geschnitten worden ist, ganz brutal, die sollen traurig darüber sein.« Er lächelt dabei so gütig-grimmig wie ein Lazarett-Arzt, der gerade festgestellt hat, dass ihm das Morphium ausgegangen ist. Amputation ohne Betäubung. Die Franzosen wollen eine Zweistundenfassung des Films, zwei Stunden von vier! Das ist die nackte Barbarei. Da bleibt gar nichts übrig. Nur ein Appetizer, eine Art Videoclip für konzentrationsfaule Konsumenten. Verfall ist überall.

Die Frau neben ihm beugt sich über ein Manuskript. Graue Strähnen fallen ihr dabei in die Stirn. Um ihren Hals schaukelt ein Kettchen mit einem Halbmond. An ihrer linken Hand ein winziger Goldring mit Theatermaske, rechts ein dunkler Stein mit antikem Motiv: eine Frau, die einen Zweig überreicht, einem Sieger vielleicht oder einem Toten oder einem Gott.

Sie sitzt hineingekauert in einen weiten, sandfarbenen Mantel und schaut aus schmalen Augen auf den Monitor, dunkel, wie durch ein Visier. Sie hat kaum Ähnlichkeit mit der Rasenden auf dem Bildschirm - bis auf die Schmuckstücke, die sind die gleichen. »Man kann was rausnehmen«, sagt sie plötzlich, »und wahrscheinlich werde ich auch die Aufführung kürzen. Vier Stunden, das geht ja nicht nur über meine Kräfte, sondern auch über die der Zuschauer.«

Ein erstaunlich praktischer Einwand. Erstaunlich, weil sie es ist, die da »verstümmelt« werden soll: Edith Clever. Sie spielt Kleists *Penthesilea.* Es ist nicht zusammenzubringen: Diese ältere Frau, die von ihrer Scheu umgeben ist wie von einem Panzer. Und die Megäre auf dem Monitor, die den gewalttätigsten, schrecklichsten Monolog schäumt, der in den letzten Jahren zu hören war. Was heißt hier überhaupt spielen? Was sie da macht, hat mit Stadttheater soviel zu tun wie ein Fieberschub, ein Vulkanausbruch, ein Reaktorunfall.

Kleists Drama als Monolog: Die Clever ist Penthesilea und Achill. Sie ist das Blumenfest und der Krieg und die Schlachtreihe. Und sie ist Kleist, der diesen Wahn aus Terror und Liebe aufs Papier deliriert und Goethe »auf den Knien meines Herzens« übereignet hat. Goethe hat darauf reagiert wie jeder, der es mit einem Tobsüchtigen zu tun hat – kühl bis gar nicht. Er hat den Skandal ignoriert.

Daran hat sich bis heute nichts geändert. Das Frauenmonster, das den Geliebten erlegt wie ein Wild und auffrisst vor Liebe, »Küsse, Bisse, das reimt sich«, und das sich am Ende ein »Gefühl aus dem Busen gräbt« und sich damit tötet wie mit einem Dolch – so etwas kann man nicht inszenieren, sondern nur halluzinieren.

So gab es im braven deutschen Stadttheater immer nur Niederlagen. Etwa Hans Neuenfels' schicke Bühnenschlacht aus BDM-Mädels, Koffern mit Leichenteilen und Erste-Sahne-Ausbrüchen der eifrigen 1A-Tragödin Trissenaar. Oder Jürgen Gosch, der diesen Brandherd von Text sofort zugeschaufelt hat mit dumpfnassem, schwerem Gemurmel. Oder Alexander Lang, der Karl-May-Festspiele daraus gemacht hat, niedlich, lustig, irgendwie verrückt, nicht wahr?!

Das alles darf man nun getrost vergessen. Jetzt gibt es ein Gesicht für diesen dramatischen Meteoriten, ein Gesicht, das wetterleuchtet, mit hohen Wangenknochen, breiter Stirn, indianischen Augen, eine Frau mit auflodterndem Irrsinn in der Stimme, wenn sie zum Rendezvous stürzt mit dem Befehl: »Die Hunde hetzet, die Elephanten peitschet auf ihn los.«

Abgemeldet sind die wackelnden Kulissen, die Trockeneisnebel und marschierenden Statistenheere unserer Regie-Napoleone. Der Clever genügen ein Tisch und ein Buch, ein paar Kerzen und Büsten im leeren Bühnenhintergrund. Sie liest vor, liest aus der *Ilias,* liest Briefe und Szenenanweisungen. Sie liest mit der hysterischen Verklärung, aus der dieses Gedicht entstanden sein muss. Sie liest, als wolle sie sich einstimmen und erinnern und erst langsam an die Hochtemperatur gewöhnen, an die Weißglut, in der sich Penthesileas Schicksal vollzieht.

Dann verläßt sie den Tisch. Sie verbrennt die Seiten, die sie gelesen hat, so wie man Brücken hinter sich verbrennt, um sich in eine letzte Schlacht zu stürzen. Und dann liest sie nicht mehr, sondern überlässt sich dem Hass, der sie emporreißt, der Liebe, die ihre Arme verzückt auseinanderfliegen läßt, und der Verzweiflung, die ihr Gesicht zersplittert – alles maßlos, alles überlebensgroß, alles so gigantisch und fürchterlich wie das Gehirn, das sich das ausgedacht hat. Sie spielt mit den Elementen, die klein sind unter ihren Händen: mit Wasser, das sie aus einer Karaffe gießt, mit dem Feuer einer Kerzenflamme, die sie am Ende ausbläst wie ein Lebenslicht. Dann, nach vier vor Spannung vibrierenden Stunden, kehrt sie zurück an den Tisch, stützt den Kopf in ihre Hände und schließt ihre Augen – der Schlaf der Vernunft gebar Ungeheuer.

Kaum einer nahm Notiz von dieser nächtlichen schwarzen Messe, als sie im Januar im Pariser »Bouffes du Nord« aufgeführt wurde. Ein prächtig herabgekommener Theaterpalast der Jahrhundertwende mit rostbrauner Brandmauer, in dem sich ein paar deutsche Emigranten versammelt hatten, ein bisschen Kunstschickeria, zwei deutsche Kritiker. Diese Penthesilea wäre spurlos verschwunden, gäbe es den Film nicht. Ja, ohne die (sehr knappen) Filmgelder gäbe es auch das Theaterprojekt *Penthesilea* nicht. Eine Woche hatten Syberberg und Clever für die Dreharbeiten. Sie arbeiteten zwölf bis 14 Stunden täglich.

»Kunst ist, was bleibt«, sagt Syberberg, der Filmer. »Kunst ist, was man beschwört«, sagt Clever, die Theaterschauspielerin. Wahrscheinlich haben sie beide recht. Da sitzen sie gemeinsam vor dem Monitor in einem kleinen Studio am Rande Berlins und reden von Watteau-Bildern, von der Phöbus-Fassung und von Kleists Kampf gegen Napoleon, und sie tuscheln wie Verschwörer über ein Attentat, bis die Tür auffliegt und aus dem Flur einer brüllt: »Schließt ihr dann ab!« und der Cutter nervös zur Uhr schaut, weil er allmählich Hunger hat.

Im »Florian«, einem Berliner Szene-Restaurant, gibt man uns den Tisch am Schaufenster. Die Clever flüchtet in den hinteren Raum, wo sie mit dem Rücken zur Wand sitzen kann. Den Mantel, der sie den ganzen Tag schützend umhüllt hat, gibt sie nur widerwillig her. Sie trägt unauffällige Erdfarben. Syberberg, im brauen Tweed mit gepunkteter Krawatte, bestellt nach Gutsherrenart, Rinderbraten und Rotwein. Sie ordert Lachs mit Kartoffelpuffer, und als der Teller kommt, flüstert sie entgeistert: »Wo hat sich denn der Lachs versteckt?« Ihr Gesicht zerfließt, ständig zucken neue Gefühle, neue Stimmungen darüber weg. Seines ist cäsarisch, eine höflich-aristokratische Maske. Er ärgert sich. »Peymann hat die ›Penthesilea‹ nach Wien eingeladen. Aber nicht in die Burg, sondern ins kleine Akademietheater. Dabei ist die Clever die Callas!« »Syberberg, du spinnst«, sagt da die Clever, bestens gelaunt.

»Die Kritik wird schreiben, ich hätte nur die Dramaturgie gemacht«, sagt er, mit einer Spur von Märtyrertum in der Stimme. »Es ist doch so unwichtig, was die schreiben«, sagt sie und trinkt ihren Frankenwein. Es klingt so, als hätten die beiden das Spiel schon oft gespielt. Er, der Geschlagene, sie, die Gefeierte. Sie, die sich hinter seinen öffentlichen Niederlagen verbarrikadiert. Und dabei womöglich eine neue Freiheit kennengelernt hat.

Die beiden sind das merkwürdigste Paar der deutschen Kulturszene. Vor Jahren schon haben sie sich kennengelernt, in der Kantine der alten Schaubühne. Sie war die Klytämnestra in Steins *Orestie,* die Rasende mit bluttriefendem Schwert. Syberberg hatte seine

Faschismusobsessionen in einem *Hitler*-Film abgeschwitzt, einem Blut-und-Bühnenboden-Spektakel mit Andre Heller in der Titelrolle. Er wollte sie als Kundry für seinen *Parsifal*-Film. Sie nutzte die Rolle zum Absprung von der Schaubühne. »Ich hielt bei Peter Stein um ihre Hand an«, sagt Syberberg sarkastisch.

Gemeinsam durchschritten sie den *Parsifal,* weihevoll zum Gral. Danach hatten sie ihre *Nacht:* Ein sechsstündiges Filmmarathon, eine Bunkerphantasie, gedreht in einer herabgekommenen Botschafter-Villa im Berliner Tiergarten. Wie eine indianische Seherin beschwört die Clever mit den Worten des Häuptlings Seattle den Untergang des weißen Mannes. Sie spricht große Texte von Hölderlin und Goethe und auch Texte von Syberberg, Vertriebenenlyrik über Schlesien und Pommern.

Wie viele seiner Filme ist auch dieser zu lang. Man quält sich etwa durch die schwülen Parsifalbriefe Richard Wagners (»Ich beschäftige mich nur damit, wenn mir's mit aller Macht kommt«) und flüchtet irgendwann, trotz Clever, und überlässt die Würdigung des Werkes gern ekstatischen Germanisten. Doch Syberberg, der Filmer, war schon hier in

Hochform. Ein Graffito an der Wand, der dampfende Atem vor dem Mund der Schauspielerin, ein Feuer und seine züngelnden Schatten genügten ihm, diese abendländische Kulturhalde, diese eiserne Ration Geist am Ende der Welt, in Szene zu setzen.

Syberberg und Clever – sie fühlen sich wie Partisanen, die, mit sparsamsten Mitteln und leichtem Gepäck, hinter den feindlichen Linien kämpfen. Die etablierten Theater? »Verfettet. Arbeitsbeschaffungsprogramme. Beamtensumpf«, spuckt Syberberg. »Mit Kunst hat das nicht viel zu tun.« Sie beide allein gegen alle. Sie durchstreifen die gute alte Bildung wie kunstreligiöse Eiferer, die einer letzten Wahrheit, einer großen Offenbarung entgegenzittern: deutsch, für manche fürchterlich deutsch, heroisch, rührend und ohne alle Scheu vor Lächerlichkeit. Sie vollziehen Klassik nach der alten, strengen, nach der römischen Liturgie, Exerzitien, die kompromisslos die Frage aufwerfen: Flüchten oder aussitzen?

Das war der Berliner Filmkommission, die fest entschlossen ist, durch Finanzierung von kindischem und politisch korrektem Läpperkram wie das multikultiromantische *Linie 1* den Anschluß an Hollywood zu markieren, natürlich zu dick, zu viel, zu tief, als es um Gelder für den *Penthesilea*-Film ging.

»Da saß ein gewisser Herr von Pufendorf«, sagt Syberberg sichtlich erschüttert, »der sagte, so was wie die ›Nacht‹ käme bei ihm nicht mehr vor, da ginge ja kein Mensch rein.« Mit schmalen, gepflegten Fingern zerbröselt er Baguette auf dem Tischtuch. »Der hat gar nicht mehr zugehört, Kulturpflege – das war ihm egal, der wurde richtig aggressiv.«

Die Filmgelder aus Berlin hatte Syberberg jedoch schon den französischen Koproduzenten in Aussicht gestellt. Eine fürchterliche Klemme. Kultursenator Volker Hassemer half aus. Er entschied über seinen Filmbürokraten hinweg. Die Gelder flossen, der Film konnte gedreht werden, und die Theateraufführung wird Mitte April in Frankfurt Deutschlandpremiere haben und danach das europäische Kulturjahr in Berlin eröffnen. »Pufendorf«, sagt Syberberg und verzieht sein Gesicht, als drücke ihn ein Magengeschwür.

Er wollte schon alles hinschmeißen, doch die Clever hielt ihn davon ab. Sie glaubte an das Projekt, und wie Kleists Käthchen von Heilbronn wusste sie, felsenfest, daß ihre Wünsche in Erfüllung gehen. Irgendwann griff sie zum Telephon und sprach mit Hassemer. Zum erstenmal in ihrem Leben hat sie so etwas gemacht. Und siehe – es wurde alles gut.

Die Clever: Eine linkshändige Frau, die zwischen den Jargons flattert, als ob sie Kostüme aus dem Fundus ausprobierte. Ständig greift sie daneben. Wer sagt heute noch »Du liiieebes bißchen« oder »Ogottogottogott«? Sie baut Wortschöpfungen ein, etwa dass sie auf das Penthesilea-Projekt »zugefluchtet« ist. Ihr Lächeln ist reizend von gestern, immer zu früh oder zu spät. Es ist kapriziös. Es verwandelt das Szene-Lokal in den Salon der Charlotte von Stein. Sie ringt um Formulierungen, rudert zwischen einander widersprechenden Äußerungen, und immer kommt etwas

Wunderbares, Eigenes dabei heraus. Botho Strauß muss seine Lotte aus *Groß und klein* einfach abgeschrieben haben bei ihr.

Kürzlich hat sie den Film *Bienenzüchter* gesehen. »Wunderbar alles, aber saauuer war ich, diese Bettszene meine ich, nichts dagegen, wie sie's machen, echt, ganz wunderbar, wun-derbaaaar, aber hinter mir und vor mir zehn Leute, in einer Weise voyeuristisch, sicher 'n guter Film, ein guuuuter Film.« »Also, ähhhh«, interveniert da Syberberg, »diese geistige Ebene war schon da, also, der sinnlich gemachte Geist, äh«, worauf die Clever wieder zurückrudert »Ich habe es ja nicht ungern gesehen, und es war ja physisch auch ganz wuuuuunderbaaar, aber muß man denn alles zeigen, sie mussten es ja machen vor der Kamera, und da wird doch das Gewerbe vernutzt und verschlissen, so dass ich mich, obwohl es ja ein toller Film war, in meiner Intimität als Zuschauer verraten fühlte.«

Offenbar war ihr eine Liebesszene in dem Film peinlich. Wie platt das klingt. Und wie wunderbar kompliziert, wenn es die Clever erzählt.

Diese beiden, die sich da gegenübersitzen, sie eifernd, er seigneural lächelnd, sind aufregend außer der Zeit, merkwürdige Heilige, die ihre Verwunderungen und Verwundungen gar nicht verbergen können, Unangepaßte nicht aus Berechnung, sondern aus Begeisterung für Ideale, die spätestens mit Anbruch der Moderne historisch besiegt sind.

Toll, solange dabei nur Kunst im Spiel ist. Schlimm, zumindest im Falle Syberberg, wenn die Sprache auf Politik kommt. Dann ist Syberberg fürchterlich dumm, weil er dandyhaft bleibt und sein Urteil ästhetisch. Er ist, immerhin, offen. Die schrecklichsten Figuren der Geschichte?

»Sicher nicht Hitler oder Stalin. Denn die drängten zum Leben.« Viel gemeiner sind Bürokraten, die kulturlosen Gremienleute, sagt er, und dann: »Der Hitler war ja in dem Sinne nicht gemein. Natürlich hat er verbrannt. Aber er hat auch etwas geschaffen. Er hat sich ja als Künstler betrachtet.« Daß man dieser wildgewordenen Anstreicherbürste mit dem durchgesessenen Hosenboden, die mit ihrem »Gesamtkunstwerk« ein ganzes Volk vervieht hat und Bücher verbrannt, die Selbsteinschätzung als Künstler zu Gute hält, ist natürlich abenteuerlich. Hier wird Syberbergs Einzelgängertum zur bornierten Allüre.

Syberberg, der Störrische, will »nicht in die Armee der Rechtschaffenen« einschwenken. Er hat Respekt vor Kurt Waldheim, dem UN-Generalsekretär, der von seiner NS-Vergangenheit eingeholt wurde, nur »weil alle gegen ihn sind«. Er ist ein Dandy, der noch die vernünftigste Position ablehnt, nur weil ihm der Arsch nicht paßt, der auf ihr Platz genommen hat. Aufklärung ist für ihn, natürlich, ein »feindlicher Gegenbegriff«.

In einem kruden ökoreaktionären Kauderwelsch beklagt er, daß die Erde kaputt ist, die Luft verschmutzt, und bewundert jeden, »der da geistig rein bleibt«. Er spricht vom »Verlust durch Reichtum, wie wir das von Babylon kennen«, und dann spricht er wieder von der Kunst wie ein Landpfarrer vom lieben Gott.

Die Erde, für ihn ist sie noch Scholle und Gutshof, er weiß noch, »wie Brot riecht und der Schweiß arbeitender Pferde«, er wäre, wenn es denn möglich wäre, für die sofortige Rückkehr zu Monarchie und Ständestaat, wobei er vorauszusetzen scheint, daß er dann Herr wäre und nicht Knecht. Er bezeichnet sich als »Fundamentalisten«, schaut »neidvoll auf Chomeini« und wünscht sich, »daß der das hier auch mal aufführt«.

Dieser ganze Irrsinn fließt ihm ganz harmlos und sanft von den Lippen, zwischen Dessert und Kaffee, ein höflicher älterer Herr mit sympathischem Gesicht und einnehmenden Manieren. Insgeheim ein Terrorist, der den Junk, die Unkultur, die Masse, die Plastikwelt verachtet. Statt Brandbomben in den nächsten Supermarkt zu schmeißen, inszeniert er Kleist. Gott sei Dank. Denn das kann er gut.

Der *Penthesilea*-Film ist sein wahrscheinlich schönster, reifster, gelassenster. Die sparsamsten Mittel – nicht mehr die überladenen, barocken Kulturhalden, aus denen er seine Bilder in früheren Filmen türmte.

Er hat einen Raum sorgfältig ausgeleuchtet, hat den Monolog der Clever rhythmisch phantastisch gegliedert, beschränkt sich auf ihr Gesicht, ihre Gestalt und, mit den klassischen Büsten, auf knappe Verweise zur Entstehungszeit des Dramas.

In zwei langen, über 30minütigen Takes hat er die zentralen Szenen gedreht, Penthesileas Liebesgespräch mit Achill und ihre Raserei nach seinem Tod.

Mit ihren behutsamen Kamerafahrten erzeugen beide Sequenzen einen hypnotischen Sog, wie man ihn sonst nur aus Filmen Tarkowskis kennt. Diese beiden Szenen allein genügten völlig, um Syberberg den »Platz im Pantheon« zu geben, den er sich offenbar so sehnlichst wünscht. Um diesen Platz hat er gewütet und gebettelt in seinen Büchern, seinen Filmen, ein Leben lang. Um Anerkennung, die die Feinde aus der Presse, den Gremien ihm vorenthielten, ein Lebenstraum, über den er in grenzenloser Naivität spricht.

Einen »Rang innerhalb eines Staatswesens« wollte er immer haben, »einen Orden, Ehren, die man sich auf dem Schlachtfeld der Kunst erwirbt«, bis er festgestellt habe, »daß das alles heute nicht mehr möglich ist, daß das altmodisch ist, eine traurige Erkenntnis«.

Heute, sagt er, kämpft er nicht mehr, und die Clever findet das gut, und sie sagt es ihm ständig. Denn das weiß sie schon lange: »Wenn man nicht drauf drückt, kommt's von alleine.«

Das hat sie schon als Anfängerin gewußt, als sie vorsprechen sollte vor »Sistig in Münster, damals ein Gott«. Dieser Sistig sagte, »nun mach mal, Mädel, lauter«, und da ging sie einfach von der Bühne. In der

Heldenzeit des jungen deutschen Theaters, der Bremer Ära unter Hübner und der Schaubühnenära unter Stein, war sie die Heroine, die Frau für übergroße Formate, die Furchtloseste, eingehüllt in einen Wahnsinn, der sie umgab wie eine goldene Wolke. Sie war Luise Miller und Peer Gynts Aase, die Agaue aus Euripides' *Bakchen,* die im Rausche ihrem Sohn den Kopf abreißt, und Tassos Prinzessin, herrisch, erotisch, fiebernd. Sie war Lottekotte aus Botho Strauß' *Groß und klein,* die zur religiösen Seherin überschnappt, und sie war Warwara in den *Sommergästen,* die sich den Revolutionären anschließt. Ihr Rollenfach: die Revolte, der Schritt über die Grenzen der Regeln, der Sitten, des Anstands. Verwandlung hat sie nie interessiert. Sie hat auf die Momente gewartet, »wo man nicht mehr spielt, sondern gespielt wird«. Über das Reale hinaus. »Diese Überschreitung habe ich immer gewollt und mit Syberberg gefunden.«

Der Preis für diese Unbeirrbarkeit ist hoch. Sie muß kämpfen, außerhalb der Schaubühne. Sie steht mit beiden Beinen fest in der Luft. Um sich und ihre 16jährige Tochter durchzubringen, nahm sie sogar einen Lehrauftrag an. Die Hochschule, eine Behörde. Bürokraten. »Zum erstenmal habe ich gemerkt, daß es mittelmäßige Menschen gibt. Diese Kämpfe, füüürchterlich. Und unter uns ein Aerobic-Studio, mit ›high‹ und ›hopp‹ und ›wow‹. Ganz fürchterlich. Aber man lernt.« Und sie lächelt huldvoll über den schlechten Witz, den man »Wirklichkeit« nennt.

Über Stein spricht sie mit der Vorsicht einer Russin, die die Zeiten des Personenkults mitgemacht hat und die Glasnost noch nicht trauen kann. In jener Zeit hat sie gelernt, ihre Worte auf die Goldwaage zu legen. Und sich darüber zu zermartern, wenn die Vollversammlung sie für zu leicht befand. So etwas wie dieses Interview hat sie noch nie gemacht. »Man ist ja so waaahnsinnig ungenau!« Auf den Schaubühnenprotokollen, die alle Diskussionen pedantisch festhielten, konnte sie dann nachlesen, daß sie an manchen Tagen weniger schlau war – eben ein Mensch. Wie fürchterlich.

Ihre Tochter hat sich offenbar frühzeitig gegen diesen Kunstkult gewappnet. »Sie ist ja so sehr von dieser Welt«, sagt die Clever, als ob sie dafür um Vergebung bitten müsste. Sogar Geld hat sie ihrer Tochter geben müssen, damit die ihr den Penthesilea-Text abhört.

Eine Donald-Duck-Figur in Ledermantel und Fliegermütze rauscht an unserem Tisch vorbei. »Ogottogottogott, der Wenders!« sagt die Clever, »also das ist ja nun das Platteste vom Platten, ja, diese pubertären Männergeschichten.« Wenders, der sich mit einem kleinen, grauen Mädchen unterhalten hat, klopft mit der *taz* auf seinen Ledermantel, dreht sich herum und schenkt uns dieses schüchtern-verschmitzte, echt irgendwo unheimlich sympathische Cannes-Preis-Lächeln.

»Hallo«, sagt Syberberg. »Na«, sagt Wenders. Womit das Gipfelgespräch des Neuen Deutschen Films auch schon gelaufen wäre und Wenders wieder dem Ausgang zustrebt. Da es mittlerweile weit nach Mitternacht ist, zahlen wir und folgen Wenders in gebührendem Abstand.

Am nächsten Mittag ist der Film fertig geschnitten. »Zwei Stunden und acht Minuten sind es geworden«, sagt Syberberg wie durch Mull. Operation gelungen. Patient tot. Wir verlassen das Studio und blinzeln in die Sonne, die den Reif auf den Zweigen der Uferbäume und den See golden funkeln läßt. Wir fahren das Ufer entlang, dann laufen wir. Die Clever spricht von ihrem Lieblingsthema: Mittelmäßigkeit. »Ich meine, es sollten viele Theater geschlossen werden. Also, das sage ich jetzt in den Überfluß hinein. Wenn sie tatsächlich zumachen würden, würde ich für die Erhaltung kämpfen. Aber es gibt zuviel Geld, und das korrumpiert und führt zu Mittelmaß.« Was immer man gegen die »Penthesilea« von Syberberg / Clever einwenden mag - mittelmäßig ist sie auf keinen Fall.

Wir treten auf eine kleine Terrasse zwischen den Ufervillen. Ein paar Eichen über einem kleinen Marmorstein. Darauf steht der Spruch »Nun, o Unsterblichkeit, bist du ganz mein«. Ein Satz aus dem *Prinzen von Homburg*. Die Clever tritt an den Stein und zaubert in einer wundervollen anmutigen Gebärde einen unsichtbaren Zweig hervor, den sie vor den Stein legt. Sie sieht dabei aus wie die Frau auf dem Ring, den sie trägt. Der Stein ist das Grab von Heinrich von Kleist, der hier am Berliner Wannsee 1811 Selbstmord beging, mit seiner Geliebten Henriette Vogel. »Sie waren an dem Tag sehr ausgelassen und vergnügt«, sagt die Clever versonnen. »Sie haben sich dauernd Rum kommen lassen.«

»Wie heruntergekommen und verbaut diese Gegend ist«, sagt Syberberg mißmutig und hüllt sich in seinen Hirtenmantel wie in eine Toga. »Besser, wir gehen.«

Der Spiegel 15 / 1988

Rodeo im Wilden Osten

Über Sam Shepards »Liebestoll« und das Theater Anklam zur Wendezeit

Abends, wenn die Rapsfelder ihr Giftgelb in den verblassenden Himmel feuern und vom Hochmoor weiße Nebelfäden herüberziehen, wird Anklam zur Geisterstadt. Dann liegt das dunkle Häusermeer der alten Hansestadt verlassen hingewürfelt da, abgebrannt in Pommerland. Eine aufgebrochene, nie ausgebaute Straßentrasse streckt sich wie eine erdige Zunge über die Peene in die Innenstadt, wo ein halbes Haus über einen menschenleeren Marktplatz wacht. Das Haus wurde nie zu Ende geführt. Man hatte vergessen, das angrenzende Grundstück zu enteignen.

Eine abgebrochene Metallschwinge, die am Markt senkrecht in die Höhe stößt, ist das Wahrzeichen der Stadt. Sie soll an Otto Lilienthal erinnern, der in Anklam geboren wurde, und sie tut es mit einer schwarzen Pointe. An ihrem Sockel ist der Spruch eingraviert: »Die Macht des Verstandes wird auch im Fluge dich tragen.« Jedes Schulkind aber weiß, daß der Tüftler bei einem Flugversuch tödlich abgestürzt ist, die Macht des Verstandes hat ihn eben nicht getragen.

In diesem Dämmerlicht, in dem sich die Macht des Verstandes in Nacht auflöst und ein ganzer Staat, der sie auf seiner Seite glaubte, verschwindet wie Zaubertinte, könnte die Stunde der Phantasie schlagen. Aufschwingen, hinaus und – fliegen!

Das alte Schützenhaus liegt am Rande der Stadt, gleich hinter dem Soldatenfriedhof. Mit zitternder Krücke zeigt eine alte Frau hinüber, auf eine Plakatwand, die unter einer mächtigen Kastanie halb verborgen ist. ERPRESSUNG steht da. »Wer hat das dahingeschmiert?« Keiner? Das ist ein Theaterplakat? »Ach so«, kichert die Alte und humpelt davon. »Theater! Faxenmacher!« Hinter der Pförtnerloge ein schmuckloser Schankraum. Ein Dutzend bleicher, junger Gesichter. Und mittendrin, gemütlich und rund, ein Onkeltyp mit Brille, dem ein schwarzer Schnurrbart in schweren Zapfen über die Mundwinkel wächst. Der Intendant des Theaters, Dr. Wolfgang Bordel. »Wie Bordell mit einem L.«

Es gibt kein Kino in Anklam. Nichts. Nur das Theater – ein Nachtasyl. Der Totentanz hier drinnen ist eine Premierenfeier. Am Nachmittag haben sie vor einer Schulklasse das Kinderstück *Kikerikiste* aufgeführt, im Klubraum: Simone, die hochwangige Sekretärin aus Schwerin, Jana, die Berliner Pädagogik-Studentin, und Kathrin, die OP-Schwester, die gerade von ihrer

Lieblingsamputation erzählt – sie alle haben irgendwann einmal vom ganz anderen Leben geträumt. Und sie sind in Anklam gelandet. René läßt einen Sektkorken knallen. Am Nebentisch springt wütend ein Bühnenarbeiter auf und brüllt: »Noch einmal, du Fatzke, und ich hau' dir die Fresse ein!«

Keiner der Jungen hat eine Schauspielschule von innen gesehen. Und ausgebildete Schauspieler kommen nur noch selten hierher. »Wer bei uns landet«, sagt Bordel mit grimmigem Behagen, »hat entweder Probleme mit dem Alkohol oder mit dem Leben.«

In einer Glasvitrine ein weißes Theaterkleid, aufgespannt wie ein toter Schmetterling. »Früher war'n da mal Grünpflanzen drin«, sagt Bordel, »aber man hat vergessen, sie zu gießen.«

Früher ... Auf einem Theaterplakat neben der Vitrine steht: »Man spielt nicht mit der Liebe.« Der junge Regisseur Herbert König hatte es inszeniert, 1983, kurz bevor er seinen Ausreiseantrag stellte.

Damals war Anklam nicht irgendeines der 69 DDR-Theater, die vom SED-Staat gehätschelt und geknebelt wurden. Anklam war die Strafkolonie am Ende der Welt. Unbequeme Regisseure wurden hierher ins vorpommersche Sibirien geschickt, wo sie keinen Schaden anrichten konnten. König hatte aus der französischen Komödie einen hochartifiziellen, kühlen Alptraum gemacht. Liebe war ein Fremdwort in seiner Inszenierung - »l'amour« stand in roter Schrift auf blauen Bühnen-Kacheln. Zur Premiere waren Berliner Freunde und die SED-Kultur-Sheriffs erschienen. In der dritten und letzten Vorstellung dösten nur noch rund 15 Volksarmisten im Parkett. Angetreten zur »organisierten Kulturmaßnahme Theater«. Wer blieb, bekam hinterher ein Bier.

Damals war Frank Castorf Oberspielleiter. Die asthmatische Pförtnerin erinnert sich noch gut an ihn: »Das war doch so'n Spacker, mit Nickelbrille.« Castorf in Anklam, das war Rock'n'Roll auf dem Mond. Wie war das mit Desdemona? Im Wassereimer ertränkt oder im Kühlschrank erschossen? Damals war die Phantasie an der Macht – und wenn auch nur für zwei Theaterstunden vor leerem Provinzparkett. Und sie schien der Macht des Verstandes, der Parteimacht, gefährlich. Eigens abgestellte Stasi-Leute, die sich, keine Satire, »Abwehroffiziere Kunst und Kultur« nannten, lieferten streng vertrauliche Verschlußsachen wie: »Alternative Theaterauffassungen am Landestheater Anklam haben sich weiter verfestigt.«

Damals wurde Bordel aus Berlin geholt. Und der sorgte für Ruhe. Für Friedhofsruhe. Dr. Wolfgang Bordel, gelernter Physiker und Laiendarsteller, die Tragödie eines lächerlichen Mannes. Von Kindheit an liebte Bordel das Theater. Doch das liebte nicht zurück. So rächte sich Bordel am Talent, das er nicht hatte, rächte sich an allen, für die Theater mehr sein konnte als ein

Laienbums. Der ideale Mann für die Partei und alle »Abwehroffiziere Kultur«.

Er feuerte Castorf, angeblich, weil der mit dem *Neuen Deutschland* den Bühnenboden auslegte. In Wahrheit aber, weil Castorf, wenn er gut war, in jene Zauberregionen stieß, von denen Bordel nur ahnen konnte. Er feuerte Bühnenbildner, Regisseure, Dramaturgen, Schauspieler, erdrosselte sie mit seinem lachend-vergnügten Dilettantismus, bis er allein dasaß, in seinem monströsen Kinderzimmer, und Theater spielen durfte, stümpernd, bieder.

Gefährlich war der schnaufende Dicke nur für jene, die arrogant und damit dumm genug waren, ihn zu unterschätzen, seine opportunistische Intelligenz und seine Zähigkeit. Bordel, sympathisch verschlampt und gesellig, wahrscheinlich ein guter Physiker – und ein furchtbarer Intendant.

Ganz sicher einer, der die Macht liebt und die Bequemlichkeiten, die sie verleiht, selbst in der Provinz. In seinem Intendantenzimmer, das mit schweren, dunklen Gründerzeit-Möbeln vollgestellt ist, hängt sein Wahlspruch. Er stammt aus Kleists *Zerbrochenem Krug:* »Und find' ich gleich nicht alles, wie es soll, ich freue mich, wenn es erträglich ist.« In Kleists Komödie muß der Dorfrichter Adam, jener unsterbliche Provinzpotentat, gegen einen Gauner ermitteln, der er selber ist.

In diesen Tagen ist Bordel nicht nur Kandidat der PDS für den Kreistag, sondern auch Dorfrichter Adam.

Er sitzt im Ausschuß zur Untersuchung von »Amtsmißbrauch und Korruption«. Und wacht darüber, daß keiner allzu genau nachfragt, wie er etwa zu der Privatstraße gekommen ist, die zu seinem Gehöft führt, und mit welchen Mitteln er sein Haus ausgebaut hat.

Natürlich hat Bordel zur Wendezeit Protestversammlungen im Theater abgehalten, hat den Zug angeführt, der die örtliche Stasi auflöste. Und hat gleich zwei Stasi-Mitarbeiter an seinem Haus angestellt. Der Stasi-Funker besorgt jetzt die Tontechnik. Und Stasi-Hund Berry bewacht sein Gehöft.

Am nächsten Tag zeigt Bordel sein Theater und den Fundus, ein Leichenschauhaus mit früh gestorbenen Inszenierungen wie *Frau Holle* oder *Ein irrer Duft von frischem Heu*. Die Musikbox aus seinem eigenen Ausflug ins Regietheater, Shakespeares *Was ihr wollt* mit Fischernetzen, steht bei ihm zu Hause. Die letzte Vorstellung lief vor drei Besuchern. »Drei sind das Minimum.«

Aber warum eigentlich spielen? Und für wen? Die Subventionen fließen ohnehin. 1,7 Millionen Mark für eine Geisterkultur mit kleinen Privatgeschäftchen, von der rund hundert Beschäftigte ganz gut leben. Bordel führt über das Gelände. Im Fuhrpark ein Schulbus und zwei Lkw, die fürs Theater so gut wie nie gebraucht werden. In der Werkstatt wird das Sofa der Kostümschneiderin aufgepolstert. Im Schuppen neben der Requisite sind Ziegelsteine gehortet,

Zementsäcke, Betonmischer und Teerpappe. Einer der Theaterleute baut immer.

Hoch steht die Sonne über dem alten Schützenhaus. Drinnen, im trüben Schankraum, sitzt die Stammbesetzung vom Abend zuvor. Mißmutig wischt der Wirt über die Regalbretter mit Aprikosenlikör und Nordminze, Rum »Kaminfeuer« und »Rotkäppchen«-Sekt. Sortiert Konfektschachteln, Marke »Grandios«, und Erdnußflips. Vor zwei Monaten noch war er Maler. Aber jetzt, wenn die Westler kommen, will er hier »'ne Gaststätte mit Niveau aufziehen, wo man mal 'ne Soljanka bekommt und ein Steak mit Kräuterbutter«.

Welcher Westler will ausgerechnet im Theater von Anklam eine Soljanka essen? Und warum muss die Suppe mit 1,7 Millionen Mark subventioniert werden? Die Westler ... Der Radiosprecher verliest Einzelheiten zur Währungsunion. Irgendein Politiker spricht von Ehe und Aussteuer. Die Gespräche verstummen. Und einer sagt: »Der Westen wird uns überrollen!«

Plötzlich wird die Schwingtür aufgestoßen, und der Westen stapft in den Schankraum. Er trägt Lederjacke und Texanerstiefel mit roten Herzchen, und über die blauen Augen fällt ihm eine Strähne blonden Haars: Torsten Münchow aus Lübeck. Ein Boxertyp mit Kindergesicht, ein Glücksritter. Im Westen kämpfen Theater ums Überleben. Lübeck hat gerade dichtgemacht. Im Osten dagegen stehen sie noch. Auf nach Anklam!

Torsten, gerade 24, ist die Ochsentour gegangen. Schauspielschule, Provinztingel, große Rollen. Mit 21 hat er in Hamburg den *Woyzeck* inszeniert. Seine letzte Rolle war der »Konzentrationslager-Ehrhardt« aus Lubitschs *Sein oder Nichtsein.* Und nun will er im Osten Oberspielleiter werden, Bordel hat es ihm versprochen – Torsten, der Eroberer. Als er vor einigen Wochen aus dem Nichts hier auftauchte, waren sie alle schwer beeindruckt von seinen Plänen. Tourneeabstecher nach Meran! Und Computer und Telefone von seinem Freund Penzel aus Bayern! Philip Morris wird sponsern und Astra die Kantine aufmöbeln. Der strahlende Herold der neuen Zeit.

»Morgen kommt Penzel!« Das sagt er schon seit Wochen. Mittlerweile glaubt ihm keiner mehr. Die anderen im Schankraum werfen sich vielsagende Blicke zu. Penzel wird nie kommen, und Philip Morris erst recht nicht, hierher, ans Ende der Welt. »Was sollen wir jetzt tun?« fragt Becketts Wladimir. »Warten!« Und so warten sie im Theater, auf Penzel, auf den Westen, auf Godot. Ihr Favorit als Oberspielleiter ist Peter, der so alt ist wie Torsten. Er war Fischer, bis Bordel ihn holte. Er hat zwar keine Ahnung vom Theater. Aber er ist einer von ihnen.

Torsten hat noch gar nicht bemerkt, dass ihm allmählich die Felle wegschwimmen. Er probt, schiebt die Techniker, verkauft Theatertickets auf Schulhöfen. Er kann sich mittlerweile nur noch mit Vitamin-Spritzen auf Touren halten. Torsten ist theaterverrückt. Und noch schlimmer: Er ist liebestoll. Und er braucht das Theater, um seine Liebe zu inszenieren.

Seine Liebe zu Sylvia, der Schauspielerin aus Schwerin, die schön und zart an seiner Seite schwebt, in einem gelben Seidenkimono aus Vietnam, auf den weiße Kraniche gestickt sind. Er lernte sie kurz nach der Maueröffnung kennen. Jetzt ist sie im vierten Monat schwanger. Morgen soll Hochzeit sein. Und gleichzeitig Premiere. Zusammen inszenieren sie Sam Shepards *Liebestoll,* als DDR-Erstaufführung.

Vor vier Monaten wäre das noch ein Illustriertenstoff gewesen. Jetzt, im deutsch-deutschen Kater, ist es nur noch der peinliche Kitsch von gestern. Außer für Torsten. Man spielt nicht mit der Liebe? Mit was sonst soll man spielen? Die Bühne – ein Bett! »Hier«, sagt Torsten und wedelt mit einer Zeitung, »'ne halbe Seite, wer hat das schon!« Auch die *taz* hat über Torsten und Sylvia geschrieben. Das Bett – eine Bühne!

Torsten aus Lübeck schnappt sich seinen Kaffee und verschwindet mit Sylvia im Theatersaal zur Generalprobe. »Das ist immer noch unser Land«, murmelt ihm einer hinterher. »Der macht sie doch fertig«, sagt ein anderer.

Sam Shepards *Liebestoll* spielt in einem Motelzimmer am Rande der Mojawe-Wüste, wo der Westen so trostlos ist wie Anklam. Ein Mann und eine Frau knallen aufeinander, hemmungslos, bedingungslos, mörderisch. Der Text? Pure Oberfläche. Trivial. Unergiebig für Gesellschaftsanalysen und dialektische Dramaturgenübungen. Eine Hülle, die von Wut und Haß und Leidenschaft weggesprengt wird. Regieanweisung des Autors: »Dieses Stück ist, ohne Pause, erbarmungslos durchzuspielen.«

Shepards New Yorker Off-off-Broadway-Inszenierung war ein Prügelwestern, war Körpertheater, in dem eine verschmierte Blondine und ein Baumfällertyp sich gegenseitig das Herz aus dem Leib zu reißen versuchten.

In Anklam steht Werner, ein schmaler, 40jähriger Alkoholiker, auf der Bühne und versucht ein Lasso zu schwingen. Und auf dem Bett liegt Kirsten, seine spirrlige Freundin, die mit dieser Rolle ihr Schauspielerinnendiplom machen möchte. Torsten-Lübeck hat einen mannshohen Pappfernseher bauen lassen, in welchem ein Schauspieler zu Playback Country singt. Es ist grauenvoll – und deshalb von alptraumhafter Klasse.

Der Westen im Ost-Theater. Amerika in Pommern, Rodeo in Anklam. Die Karambolage zweier Kulturen. Und mitten auf der Bühne, in einem Schrotthaufen aus Trabi-Blech, ein alter, grauhaariger Wolf, der ruhig und gelassen ist und niemand als er selbst. Ein Chargenspieler namens Gerhard Schönerstedt, der den Vater der beiden spielt – die Kinder, die sich da hassen und lieben, hat er beide gezeugt, mit verschiedenen Frauen.

Schönerstedt war 20 Jahre lang Parteisekretär der SED am Theater. Und früher, unter Hitler, war er in der anderen Partei. Er ist »zweimal verarscht worden im Leben«. Ende der fünfziger Jahre kam er hierher, in der Hoffnung, irgendwann »entdeckt zu werden«. Heute ist er 68 und wird den Egmont wohl nie mehr spielen. Aber der Alte in Shepards Stück liegt ihm. Die Macht des Verstandes? Pah – der Alte kann nur noch lachen! Zwei Kinder von verschiedenen Frauen, die sich ineinander verlieben. Zwei Deutschlands, die jetzt aufeinanderkrachen. Was gibt es da zu erklären! Man sollte lachen.

Leise erzählt Schönerstedt in der Kantine, über Rotkäppchen-Sekt und Schneeglöckchen aus Plastik, die in grünen Riffelvasen vor sich hinstauben, von seinem »ergreifendsten Theatererlebnis«. Damals, da war er noch Parteisekretär, spielte er ausgerechnet unter Castorf in Heiner Müllers *Schlacht.* Und als er in der Bomberpilotenszene mit einem abgeschlagenen Kopf über die Bühne gehen sollte, schlug er Castorf vor, »ein bestimmtes Lied« zu summen, das man früher gesungen hat. Castorf war sofort einverstanden.

»So ging ich über die Bühne«, sagt Schönerstedt versonnen. »Der Kopf war in Zeitungspapier eingeschlagen, Blut tropfte heraus, und ich summte das Horst-Wessel-Lied. ›Die Fahne hoch, die Reihen fest geschlossen, SA marschiert, mit ruhig festem Schritt‹ ...« Schönerstedt wischt sich über die Augen.

»Mir waren die Tränen näher als alles andere. Das war so feierlich, so choralartig. Und die alten Genossen im Parkett waren ebenso hin, das ging durch Mark und Knochen.«

Ein junger Theaterpunk, ein abgeschlagener Kopf, Schlachtenerinnerungen alter SED-Genossen an ihre Nazizeit und Tränen beim Horst-Wessel-Lied – mit der Macht des Verstandes hat das nichts zu tun. Aber mit Deutschland.

Anklamer Voodoo – wer hier überleben will, muß unter harten Schalen böse träumen können, muss ein Käfer werden unter schweren Steinen. Er darf nicht naiv sein und ganz sicher nicht liebestoll. Torsten ist zusammengebrochen. Auf den Matratzen seiner Mansardenwohnung erzählt er von seinem letzten Alptraum. Er hatte sich in einen Frosch verwandelt und lebte in einem Teich, einem nebelverhangenen pommerschen Froschteich. Er lernte zu quaken und zu schwimmen und verstand sich mit den anderen Fröschen, bis er merkte, daß er gefressen wurde.

Sylvia kocht Tee. Auch sie hat geträumt. Sie picknickte im Schutz der Berliner Mauer. Plötzlich bemerkte sie, wie von der Westseite her schwarzmaskierte Soldaten über die Mauer kletterten, lautlos, eine richtige Invasion. Sie floh. Die Schwarzen besetzten die Hauseingänge. Sie flüchtete über die Dächer und stürzte ab. Deutsche Träume.

Beide wollen in Anklam Stücke spielen, die hier nie gezeigt werden durften. Die Phantasie an die Macht! Doch das Theater ist hinter ihrem Rücken schon längst verraten und verramscht. Der gemütliche Dr. Bordel hat andere Pläne, als Cocteau aufzuführen, oder Bekkett oder Ibsen. Und er hat recht damit. Denn Anklam braucht kein Theater. Anklam braucht einen Exorzisten. Irgend jemanden, der die Gespenster vertreibt, die Verhexungen löst.

Im »Volkshaus«, der einzigen Kneipe des Ortes, die bis abends um zehn geöffnet hat, sitzen ungefähr 150 Jahre Zuchthaus zusammen, harte Trinker mit Hakenkreuzen auf den Unterarmen, die davon träumen, Juden und Kommunisten und »dieses ganze Viechzeug« abzuknallen.

In der Gärtnerei einer LPG dagegen steht Frau Dr. Töwe, eine kernseifigmuntere BDM-Blondine, und schneidet Rosen. Vor einem Jahr noch hat sie, als Parteisekretärin für Agitation und Propaganda, Brandreden gegen einen Heine-Abend gehalten. »Hier lachen die Leute, die uns bald aufhängen werden«, beschwor sie Bordel damals. Heute besucht ihr Mann, Kombinatsleiter und SED-Vasall, eine Managerschule. »Wir sind anpassungs- und lernfähig«, sagt Dr. Töwe und strahlt.

Durch die engen Straßen Anklams prescht ein Trabi. Er verfolgt einen Golf, in dem der Reporter sitzt. Er zwingt ihn zum Halt. Heraus springt ein Halbwüchsiger und zückt eine Karte, die ihn als »Hilfspolizist« ausweist. Das Westauto, behauptet er, sei falsch abgebogen. Und dann fordert der Hilfssheriff, ein, wie sich herausstellt, Feierabend-Akrobat des »Fritz-Reuter-Ensembles« und Clint-Eastwood-Fan, D-Mark. Als sich der Westler seine Personalien aufschreiben will, verschwindet er in der Nacht.

Weit draußen vor der Stadt, hinter den lohenden Rapsfeldern, hocken Lin und Doc und 40 andere Vietnamesinnen, zusammengepfercht in Sechs-Bett-Zimmern in einem verfallenen Gehöft. Die Mieter der Südstadt wollten sie nicht in ihrer Siedlung dulden. Sie sind als Geiseln der »Internationalen Völkersolidarität« gekommen und arbeiten im Kleiderwerk für 380 Mark im Monat. Doch zur Zeit wird gar nicht gearbeitet. Ihre deutschen Kolleginnen, die das Dreifache verdienen, streiken. Gegen die Niederlassung ausländischer Firmen. Und für ein Einfuhrverbot von Kinderschuhen. Ob sie im Theater schon *Liebestoll* gesehen haben? »Also, wenn ich von der Arbeit komme«, sagt eine Dicke in geblümter Schürze, »dann bin ich ganz bestimmt nicht liebestoll.« Die anderen kreischen.

Auch in der Oberschule, ein paar hundert Meter vom Theater entfernt, wird gestreikt. Für höhere Löhne und einen Kündigungsschutz auf zehn Jahre. Die Deutschlehrerin kann sich nicht erinnern, wann sie zum letzten Mal im Theater war. Das soll so »modernistisch« sein, sagt sie, die Lehrerin für Literatur.

Auf dem Marktplatz spricht ein DSU-Vertreter. Er sagt: »Selbst die Neger haben eine Demokratie, nur wir nicht.« Daneben versucht ein fliegender Händler mit Goldzahn und pomadisierten Haaren aus einem Nürnberger Mercedes heraus »echt vergoldetes Besteck, 25teilig in schmucker Kassette« loszuschlagen für 2500 Ost-Mark, als Kapitalanlage vor der Währungsunion.

Ein Staat löst sich auf, die Wirklichkeit löst sich auf, und im Rathaus geben sich Torsten-West und Sylvia-Ost das Jawort. Feierlich spricht die Standesbeamtin von der Freude an »gemeinsamen Anschaffungen« und drückt einen Knopf unter der Schreibtischplatte, worauf die Orchesterversion von ausgerechnet »Strangers in The Night« erklingt. Dann treten alle in die Mittagssonne hinaus und stellen sich fürs Hochzeitsfoto auf, auch Torstens Mutter und Sylvias Vater, die sich von der ersten Sekunde an nichts zu sagen hatten. Sie ist Schriftstellerin. Er arbeitet als Ingenieur im KKW Greifswald. Er hat Angst um seine Tochter. Sie wundert sich über ihren Sohn.

Und abends ist Premiere. Abends strömen die Premierengäste, das Anklamer Establishment: der ehemalige Leiter des Zuckerkombinats und Herr Kruse mit Frau, Leiter des Fritz-Reuter-Ensembles. Dazu noch ungefähr 20 andere Theatergänger. »Bei uns ist die Bude immer gerammelt voll«, sagt Kruse gutgelaunt. An diesem Abend dagegen sind von den 300 Plätzen gerade 50 verkauft.

Die Abteilung »Öffentlichkeitsarbeit« wird von Herrn Flesch geleitet, einem ehemaligen Bauarbeiter, den alle »Fleschi« nennen. Bordel, der Bau-Herr, hatte ihn eingestellt. Fleschi, der die Ärmel seines taillierten Sakkos gerne hochgekrempelt trägt, beobachtet das Theater von der Analphabetengrenze aus mit äußerstem Mißtrauen. Vor Jahren gab es mal eine Art Handzettel. »Theater Anklam – Theater IHRES Interesses« stand darauf. Seither passiert nichts, doch Fleschi befehligt immerhin sechs Leute.

Das Stück hat er nicht gesehen. »Handelt irgendwie von … äh … Amerika, oder?« Warum er glaubt, daß an diesem Abend nur drei Reihen verkauft sind? Seine Frau Dörthe, die hinter der Kasse sitzt, springt ihm bei. »Weil wir niemanden mehr zwingen dürfen«, sagt sie, und ihre Stimme bebt vor Mißbilligung. Zwei Minuten vor Vorstellungsbeginn stürzt Sylvia herbei und möchte noch ermäßigte Karten für überraschend eingetroffene Freunde. »Nee«, sagt Dörthe, »das hättest du letzte Woche schriftlich beantragen müssen.«

Und dann stoßen auf der Bühne wieder zwei Welten aufeinander, ein amerikanisches Muskellibretto und zwei realsozialistische Sänger, und auf seinem Trabi-Schrotthaufen sitzt Gerhard Schönerstedt und schaut ins Publikum, und er lacht und lacht und lacht.

Eine Woche später wird im alten Schützenhaus hinter dem Friedhof die Zukunft gemacht. Bordel ist in der Zwischenzeit für die PDS in den Kreistag gewählt worden. Seine Zukunft ist gesichert. Nun geht es um die seines Theaterhobbys. Während sich das Ensemble unten im Klub zur Vollversammlung einfindet, schreitet oben, in Bordels Intendantenzimmer, das Theaterkalb Torsten zur Schlachtbank. Penzel ist nicht gekommen, und die Premiere war nur ein mäßiger Erfolg. Er unterschreibt einen Vertrag als Spielleiter. Oberspielleiter bleibt Peter. Torsten Münchows Bezüge: 900 Mark plus Leistungsprämie. Schwungvoll zieht er seine Anfangsbuchstaben übers Papier, und das H bekommt einen Extra-Schnörkel.

Der Vertrag stammt noch aus der alten Zeit. In einer Präambel verpflichtet sich Torsten, »die wachsenden kulturellen und künstlerischen Bedürfnisse der Arbeiterklasse und aller Werktätigen immer besser zu befriedigen«. Dann steigen beide hinab in den Klub, wo 100 Menschen gleichmütig auf die Bestätigung ihrer fortlaufenden Bezüge warten, Früh- und Spätrentner, die ebensogut in einer Konservenfabrik arbeiten könnten. Die Republik ist am Arsch, und das Theater sowieso. Fast überall. Wen kümmert's.

Das Geld fließt weiter, verspricht Bordel gleich zu Beginn. Nur müßten sich alle mehr anstrengen. Seine Vision vom Theater? Fremdenverkehr mit Bums! »Die Werkstätten könnten Anklam-Souvenirs herstellen, Tücher und Schlüsselbretter, wo ›Gruß aus Anklam‹ draufsteht.« Wer um Himmels willen möchte an Anklam erinnert werden? Und mit welchen Motiven?

Mit den »Wohnblocks vom Typ WBS 70«, die stolz im Stadtführer erwähnt werden? Die Werkstättenleute grinsen.

»Und die Öffentlichkeitsarbeit«, fährt Bordel fort, »könnte sich ›Nord-Agentur‹ nennen und eine touristische Zimmervermittlung übernehmen.« Aber wo will Fleschi, selbst wenn er telefonieren könnte, Zimmer herkriegen in Anklam? Die Baukombinatsmafia hat sich lediglich um die Datschen der SED-Prominenz gekümmert – in Anklam ist die Wohnungsnot groß. Und es gibt nicht ein einziges Hotel. »Hunderttausende von Touristen«, bringt sich Bordel in Fahrt, »müssen durch Anklam, wenn sie zur Ostsee wollen – die müssen wir irgendwie abgreifen.« Wie wär's mit Straßensperren.

Dann stellt Peter seinen Theaterspielplan für den wilden, harten, bösen Anklamer Osten vor. »Als Knüller« zur Saisoneröffnung eine Inszenierung des Intendanten, nämlich *Das Wirtshaus im Spessart*. Bordel erläutert. Das Theater müsse sowieso umgebaut werden. Regieexperimente nur noch im Klubraum. Und in den großen Saal kommen Tische. Da können Getränke serviert werden und Noten zum Mitsingen. Eifrig schlägt eine Schauspielerin Sonntags-Quiz-Veranstaltungen vor. »Das könnte ein gesellschaftlicher Höhepunkt werden.«

Da platzt, ganz im hintersten Eck des Raums, eine dunkle Stimme in das fröhliche Geschnatter. »Das

Problem an diesem Theater«, ruft Manfred Otto mit kalter Wut, »ist der Dilettantismus der Intendanz.«

Und plötzlich geht es nicht mehr um alberne Anklamer Zukunftsmusik, sondern wieder um die bösen Gespenster der Vergangenheit. Seit sieben Jahren hat Otto nicht gespielt. Seit sieben Jahren ist er kaltgestellt. Seit sieben Jahren hasst er den dicken, gemütlichen Doktor, der jetzt in seiner wendebeschwingten Kinderschar zum Marsch in den fröhlichen Provinzkapitalismus ansetzt.

Otto ist ein Profi. Er hat früher selber Schauspielunterricht gegeben. Mit blutendem Herzen hat er mitangesehen, wie dieses Theater von einem Spießer ruiniert wurde. Sein Hass ist längst zur paranoiden Fixierung geworden. In zusammenhanglosen, parolenartigen Schüben hat er ihn in einem Brief an die Kreisleitung formuliert. Dieser Brief wird nun vorgelesen.

Otto spricht darin von »Konzeptionslosigkeit«, von »stalinistischer Alleinherrschaft«. Davon, dass der Intendant »mit Menschen und Material umgeht, wie er will«. Theater, meint Otto, ist ein Seiltanz. Das muss man können, sonst stürzt man ab. Die Bretter, sagt er, seien doch heilig. »Wir könnten im letzten Schuppen spielen – wenn wir die Leute wirklich packen, dann brauchen wir keine Pufftischchen mit Weinausschank.«

Bordel wartet ab, bis die ersten seiner jungen Kläffer über den Störenfried hergefallen sind. Dann stellt er, ganz demokratisch, den Antrag, Otto zu kündigen. »Er hat sich mit diesem Brief vom Kollektiv gelöst.«

Kaum einer in diesem ganzen Haufen, der dem Schauspieler zur Seite steht. Alle, vor allem die jungen, verdanken Bordel ihr Brot. Am Theater von Anklam findet die Revolution nicht statt.

Aber die Wende. Bordels Wende. Auf seinem Anwesen hinter den Rapsfeldern empfängt er am nächsten Abend hohen Besuch aus Hamburg. Einen mäkelnden, älteren Herrn, der von den Flausen spricht, mit denen die Schauspieler sich an »einer Literatur abzappeln, die die Leute hier nicht sehen wollen«. Und der schnaufende Doktor ist beglückt, als ihm der Besucher ein Gastspiel »vielleicht für 91« in Aussicht stellt. Es ist der Intendant des »Ohnsorg-Theaters«.

Der Raps glüht. Anklam versinkt in der Nacht. Das alte Schützenhaus steht leer bis auf den Schankraum, wo einige versprengte Schauspieler über ihrem Bier brüten. An den Wänden die Programme anderer Provinzbühnen. Spitzenreiter ist Lehars Operette *Land des Lächelns.*

Der Spiegel 22 / 1990

Heimkehr in die Kunst

Über den jüdischen Klaviervirtuosen Anatol Ugorski und seine Gastgeberin Irene Dische

An diesem Abend, an der festlich gedeckten Tafel zwischen Rebhuhnbrust und Apfelkompott, trägt die bürgerliche Aufklärung noch einmal glänzende Siege davon. Schauspieler und Regisseure haben sich in der Wohnung des bekannten Berliner Anwalts getroffen, und sie reden über den jüngsten Skandal der Bundesregierung. Die hatte die Grenzen für asylsuchende Juden aus Osteuropa geschlossen, die die vergangene DDR-Regierung eben erst geöffnet hatte.

Mit der Einheit verschwand nicht nur die DDR, sondern auch ihre vergleichsweise liberale Einreiseregelung der letzten Zeit. Visa an asylsuchende russische Juden, die vor dem offen ausgebrochenen Antisemitismus in ihrer Heimat flüchteten, sollen jetzt nur noch in wenigen Ausnahmefällen erteilt werden.

Die Anwesenden haben ihre prominenten Namen unter eine Liste gesetzt, mit der gegen die »Judenquote« protestiert werden soll. Sie sprechen über die

»Gefahren eines neuen Antisemitismus«, und unter ihnen sitzt Anatol Ugorski und langweilt sich: Professor Ugorski, jüdischer Klaviervirtuose aus Leningrad, vor fünf Monaten nach Ostdeutschland immigriert.

Alle haben Standpunkte in diesen Zeiten und Meinungen und aufrechte demokratische Gesinnungen, doch Ugorski braucht keine Standpunkte, sondern einen Tisch für seine neue Wohnung. Zwei Stühle dazu wären nicht schlecht. Er hat die Nase voll von Politik.

Er nimmt einen Schluck Wein und erzählt einen Witz aus der guten alten Zeit. Trommelt ein Ortsvorsitzender seine Leute zusammen und sagt: Genossen, eine schlechte Nachricht, wir haben nur noch Scheiße zu fressen. Und jetzt die gute Nachricht: Wir haben Scheiße in rauen Mengen.

Die Tafelrunde lacht, und Ugorski grinst nur breit, weil er sich ein wenig für seine schadhaften Zähne schämt. Und dann reden sie weiter über die Judenfrage. Als ob die Versorgungsfrage nicht genauso wichtig wäre, denkt sich Ugorski.

Er gibt der Gastgeberin ein heimliches Zeichen. Sie kennen sich erst seit einigen Wochen und sind bereits wie Geschwister. Sie hat Locken und kluge, spöttische Augen und einen Mund, der gerne lacht. Sie stehlen sich von der Tafel und gehen ins angrenzende Zimmer hinüber, wo ein Flügel steht und kleine silberne Flugzeuge unter der Decke schweben und ausgeblasene buntbemalte Eier und Vögel aus Holz.

»Sie gehen dort hinten hin«, kommandiert er im Dunkeln in diesem verzauberten Zimmer, »an die gegenüberliegende Wand«, dorthin, wo eine magische Farbcollage aus Federn und Muscheln hängt, die eine indianische Freundin der Gastgeberin schenkte. »Wir machen einen Hörtest«, sagt er, »ich prüfe, ob Sie das absolute Gehör haben.« Sie nickt begeistert. Und dann flüstern sie sich Worte zu. Er russische, sie englische.

Sie ist eine Jüdin aus New York. Er ist ein Jude aus Leningrad. Sie haben sich neue Namen gegeben. Geheimnamen. Er nennt sie Zescha. Sie nennt ihn Abraham. Drinnen im Salon sprechen intelligente, liberale Deutsche über den neuen antisemitischen Skandal, und er flüstert: »Nostalgia«, Heimweh, und sie antwortet mit etwas Praktischerem: Pastrami. Davon wird man satt.

Sie, Irene Dische, ist eine erfolgreiche Schriftstellerin und mit dem Anwalt Nicolas Becker (der ein Jahr später Erich Honecker vor Gericht verteidigen wird, Anm. d. Autors) verheiratet. Ugorski ist älter als sie und wohnt mit Frau und Tochter in einer Neubauwohnung im Osten, und er hat keinen Tisch und keine Stühle. Er ist fremd in Berlin. Zwischen ihnen liegen Welten. Doch wenn sie musizieren, vierhändig spielen, ist es, als wären sie miteinander aufgewachsen. An ihrem Flügel übt er für sein Konzert. Manchmal gibt er ihr oder ihren Kindern Unterricht.

Drinnen im Salon redet man über das Manifest. Die guten Deutschen, da ist sie sicher, werden dafür sorgen, daß weitere Juden einwandern dürfen. Sie werden gegen die wenigen bösen Deutschen und die vielen dummen Deutschen gewinnen. Sie haben die Aufklärung auf ihrer Seite, Lessings *Nathan*, die Toleranz. Das Problem, denkt sie sich, ist nur, dass einem die guten Deutschen manchmal ziemlich auf die Nerven gehen, weil sie so demonstrativ gut sind. Philosemiten können einen mit ihrer Liebe zum Krüppel schlagen, genauso wie Antisemiten mit ihrem Hass.

In New York hat sie sich nie als Jüdin gefühlt. Das kam erst in Berlin, in dieser verhexten Stadt. Ansichten, Standpunkte, Argumente. Wer hat die besten auf dem Markt der Meinungen? Wer ist der beste Demokrat? In diesen Tagen finden die Gedenkfeiern und Podiumsdiskussionen zum 9. November statt, zum Jahrestag der Reichs-Pogromnacht. Und gleichzeitig wird der Mauerfall gefeiert. Welches Jubiläum wird gewinnen?

Sie sieht den kleinen Virtuosen, der russische Worte flüstert und lächelt. Die Regierung ist nicht antisemitisch, sondern dumm, denkt sie sich. Was für eine Chance, die osteuropäische Kultur zurück nach Berlin zu holen, ihre Sinnlichkeit, die Schönheit, den Witz. Ein halbes Jahrhundert hatte man nur Amerika. Nun kommt Rußland zurück, kommen Polen und Slawen.

»Chopin«, flüstert Ugorski im Dunkeln. Sie antwortet »Benn«, weil ihr das Gedicht einfällt, das Gottfried

Benn über Chopin geschrieben hat. 1944 hat er es gedichtet, isoliert, verzweifelt, als Abschied an eine vergangene Welt und als verstecktes Selbstporträt.

> Nicht sehr ergiebig im Gespräch,
> Ansichten waren nicht seine Stärke,
> Ansichten reden drum herum,
> wenn Delacroix Theorien entwickelte,
> wurde er unruhig, er seinerseits konnte
> die Notturnos nicht begründen.

Drinnen reden sie über Politik. Vielleicht liegt in einem Notturno doch mehr Wahrheit als in einem Manifest, denkt sie sich. Und Ugorski, der das absolute Gehör hat, flüstert. Sie liebt Musik mehr als Meinungen und die Kunst mehr als Standpunkte, und sie weiß, daß Ugorski ein Genie ist. Ein Gottesgeschenk, daß der Jude Ugorski nach Deutschland geflüchtet ist, ausgerechnet nach Deutschland!

Er kam, weil er keinen Ausweg mehr sah. Seine Tochter war in der Schule angegriffen worden, erzählte er ihr. An den Hauswänden standen seit längerem antisemitische Parolen, selbst in dem vornehmen Altbauviertel in der Leningrader Innenstadt, wo er mit seiner Familie lebte. Die Schlägerbanden von »Pamjat« begannen die Gegend unsicher zu machen. Da hörte er von dem Beschluß der späten DDR-Regierung. Und so packte Anatol Ugorski, der wahrscheinlich weltbeste

Interpret der Werke Messiaens, Herausgeber der Psalmen von Heinrich Schütz, ein begnadeter Klaviervirtuose mit einem immensen Repertoire von Scarlatti über Beethoven bis Schönberg, seine Koffer und verließ seine Heimat.

Anatol Ugorski hätte eine Abweisung seines Asylantrags verstanden und hingenommen ohne Groll. »Für mich haben die Deutschen keine Verantwortung«, sagte er, »an mir haben sie nichts wiedergutzumachen.« Er sagte nicht: Wir sind Juden, sondern »Wir sind Ausländer – warum sollt ihr uns in euer Land lassen?« Wenn sein Einreisegesuch abgelehnt worden wäre, wäre er vielleicht nach Israel emigriert. Doch die deutsche Kultur ist ihm näher. Und die Kunst ist seine Heimat. Und deshalb ist die Flucht aus den politischen Kämpfen Leningrads, die Emigration nach Berlin, auch eine Heimkehr in die Kunst und ihre Wahrheit.

Am nächsten Morgen sitzt Anatol Ugorski an dem Riesenflügel im Salon und schlägt Funken aus den Tasten. Kleine Hände mit kurzgeschnittenen Nägeln. Die Handteller liegen flach und kneten, die kleinen kräftigen Fingerglieder sind wie Hämmer. Seine Nase taucht an leisen Stellen tief über die Tasten. In den Forte-Partien reckt sie sich steil zur Decke – Ugorski ist ein dramatischer Spieler: ein wirrer, nach hinten gezauster Haarkranz, eine hohe Stirn, die sich bei Schubert in die traurigsten Falten legen kann, schwarze Feueraugen und ein fleischiger Genießermund, der sich zusammenpreßt, wenn die Höllenfahrten durch Messiaen oder Schönberg die Drahtseilnerven eines Rennfahrers erfordern.

Im Salon saugt die philippinische Putzfrau und klappert mit dem schmutzigen Geschirr. Im Flur trappelt die Tochter der Gastgeberin, und ihr Sohn trällert ein Lied aus der West Side Story, wobei ihm an diesem Morgen der puertoricanische Akzent besonders gut gelingt. Der Anwalt telefoniert. Und Ugorski schwebt mit vollen Segeln über diese Kakophonie hinweg und meditiert über dem Fis in Chopins h-Moll-Sonate, das die Themen und Motive miteinander vernäht.

Dann spielt er Scarlatti. Die Linke rührt Donner in den tiefen Tastenbereichen, die Rechte zuckt Blitze auf die hohen herab. Ein Wolkenbruch aus Tönen. Dann strahlt er mit Mozart.

»Abraham«, sagt die Gastgeberin in einer Pause lachend, »ich muß dir ein Gedicht zeigen.« Sie schlägt Benns »Chopin« auf:

Spielen sollte jeder Finger
mit der seinem Bau entsprechenden Kraft,
der vierte ist der schwächste
(nur siamesisch zum Mittelfinger).
Wenn er begann, lagen sie
auf e, fis, gis, h, c.

Ugorski liest. Dann murmelt er ernst: »Das ist falsch.« Er trippelt zum Klavier. »Es muß b heißen«, sagt er, »nicht h, sondern b. Oder ais. Aber b ist besser für den Vers.« Dann nimmt er einen Kugelschreiber und verbessert Benns Gedicht.

Anatol Ugorski, vor 48 Jahren in Sibirien geboren, spricht ein Deutsch, das längst verschollen und nur noch in Büchern zu finden ist. Mit Büchern hat er es sich beigebracht in den langen Jahren seines Arbeitsverbotes, mit Thomas Mann und der Bibel. Deshalb ist sein Deutsch grammatikalisch schaurig korrekt. Er benutzt das Imperfekt, er sagt »ich ging« und sagt »erhaschen« oder »sintemalen«.

Seine Hände haben ihn berühmt gemacht, und sie haben ihm ein jahrelanges Arbeitsverbot eingebrockt. Die Hände hatten bei einem Pierre-Boulez-Konzert 1968 zu laut geklatscht. Sein demonstrativer Beifall für den musikalischen Modernisten wurde als politische Demonstration notiert. »Und so war er auch gemeint.« Er schaut auf seine Hände. »Und ich kann wirklich laut klatschen. Klein, aber kräftig. Ich würde niemandem raten, mit mir in einer dunklen Gasse Streit anzufangen.«

Als ob er demonstrieren will, was er meint, schlägt er die ersten Takte des Tschaikowski-Klavierkonzerts b-Moll an.

Seine Tochter Dina steht neben dem Flügel. Sie singt das Orchester dazu. Dina ist seit einigen Wochen

17 und darf deshalb – endlich! – die Ost-Berliner Musikhochschule besuchen. Zur Zeit komponiert sie ein Violinkonzert für einen Wettbewerb in Belgrad.

Da sie bereits erwachsen ist, schüttelt sie nur den Kopf über die Faxen, die Anatol nun für die Kinder seiner Gastgeberin veranstaltet. Er legt sich mit dem Rükken zum Flügel über zwei Stühle, die Nase ragt von unten an das Griffbrett, die Augen fixieren die Flugzeuge an der Decke, die Hände liegen über Kreuz auf den Tasten - und dann klimpert er, mit Affenzahn und Dance-Hall-Rhythmus, ein Präludium aus dem *Wohltemperierten Klavier* von Bach.

Er hat sich und seine Familie jahrelang mit Tingeltangel in drittklassigen Gemeindesälen durchbringen müssen. Später hatte er doch noch eine Professur am Leningrader Konservatorium erhalten, und er wäre in Leningrad geblieben, wenn nicht die notorische Unterversorgung der Perestroika aus einem bleiern gedemütigten Volk ein hungernd-aggressives Vielvölkergemisch gemacht hätte, »in dem jeder dem anderen – nur aus dumpfer Wut – den Schädel einschlagen möchte – und wir Juden geben traditionell gute Opfer ab«.

Doch jetzt fängt Ugorski ein neues Leben an. Er übt wie ein Besessener. Übermorgen gibt er ein Konzert. Vielleicht kommt sogar Abbado, um ihn zu hören. Freunde der Gastgeberin kennen Abbado. Der Chef der Berliner Philharmoniker. Ein Gott.

Jeden Morgen fährt Ugorski anderthalb Stunden mit U- und S-Bahn von der Ost-Berliner Satellitenstadt, wo er wohnt, nach West-Berlin, um an dem großen Flügel seiner Kunstfreundin zu üben.

Ugorski liebt Berlin, vor allem den Westen. Stundenlang hat er vor einem Kaufhaus einer Straßenverkäuferin zugeschaut, die ein neuartiges Bügeleisen anpries. »Sie hat dauernd geredet. Diese Bereitschaft, alles zu erklären – einfach wundervoll. Wenn ich Geld in der Tasche gehabt hätte, hätte ich ihr zehn Bügeleisen abgekauft.« Und natürlich, setzt er hinzu, hat er sich in die Bügeleisenverkäuferin verliebt.

Am frühen Nachmittag hat Ugorski genug geübt. Wir fahren zum Aufnahmelager Ahrensfelde hinaus, dorthin, wo Ugorski vor fünf Monaten mit Frau und Tochter und elf Tüten angekommen war. Er will alte Freunde wiedertreffen. Es wird eine Fahrt, die gleichzeitig in die Vergangenheit und in die Zukunft führt.

Auf dem Weg nach Ahrensfelde, gleich hinter der alten Synagoge in der Oranienburger Straße, von der nur noch die Fassade steht, liegt das alte jüdische Scheunenviertel, eng, winkelig, unter Krusten von Dreck. Ein paar Autonome stehen vor einem besetzten Haus. Heute, am 4. November, ist eine große Demonstration angekündigt.

»Wogegen wird demonstriert?« fragt Ugorski neugierig. Die Autonomen sind feindselig. Sie wittern in ihm, dem sorgfältig gekleideten kleinen Mann, einen

Agenten des Bullenstaates. Demonstriert, sagt einer, wird »gegen den Anschluß und den Antisemitismus und überhaupt«. »Aha«, sagt Ugorski verständnisvoll und nickt ernst. »Es ist sozusagen eine Demonstration an sich.«

Am Leninplatz passieren wir das Lenin-Monument, das mit Farbe bekleckert ist und fast organisch aus den endlosen Wohnsilos im Hintergrund herauswächst. Denkmäler des realen Sozialismus. »Wundervoll«, sagt Ugorski, »wie zu Hause.«

Am Fuße der Riesenstatue ein Graffito: »Trotz alledem. PDS«.

Es ist eine gespenstisch-unwirkliche Inschrift an diesem Novembertag. Die einst allmächtige Staatspartei meldet sich, ziemlich genau ein Jahr nach ihrem Zusammenbruch, in trotzigen Untergrundparolen, meldet sich mit einem geisterhaften Sektenheroismus und bedient sich der Alternativsprache – im verzweifelten Kampf um einen Rest der verschwundenen DDR, zu Lenins Füßen. Als er in Berlin eintraf, erzählt Ugorski, bekam er »zur Begrüßung zwei Mark Taschengeld. Und die stammten nicht von der PDS«.

Außerhalb der Stadt, hinter abgeernteten Feldern, über denen ein blaßblauer Winterhimmel liegt, tauchen die Betonwürfel des Aufnahmelagers auf. Eine ehemalige Stasi-Siedlung. Ugorski erinnert sich an einen wunderschönen Regenbogen, den er im August über den Feldern gesehen hat. Plötzlich fragt er: »Was bedeutet: ›Und Jimmy ging zum Regenbogen‹?« Er hat den Buchtitel in einem Schaufenster gesehen. »Soviel wie: ›Jimmy ging ins Glück‹.« »Aha«, sagt er, »das muß ich Jimmy erzählen.«

Jimmy, sein Freund, ist Kurde und lebt mit drei anderen in einem Zimmer im dritten Stock der ersten Baracke. Seit acht Monaten ist er hier. Meistens sitzt er auf der Bettkante und schaut auf das Tapetenmuster. Jimmy hat schlechte Karten, schlechtere als Ugorski. Kurden haben keine Lobby, und von Beruf ist Jimmy nur Koch. Er leidet unter dem Lagerleben. »Du mußt endlich der deutschen Sprache fähig werden«, sagt Ugorski würdevoll und klopft ihm auf die Schulter.

In Ugorskis ehemaliges Zimmer ist eine jüdische Familie aus Odessa eingezogen. Er ist Computeringenieur, sie ist Lehrerin. Die Großeltern passen auf die beiden kleinen Kinder auf, wenn sie tagsüber in die Sprachenschule fahren. Die Sprache ist der Schlüssel in die neue Welt. »Auch sie wollen zum Regenbogen«, sagt Ugorski.

Ist es nicht paradox, daß Juden den Regenbogen ausgerechnet in Deutschland suchen? Ugorski antwortet nüchtern und bremst alle sentimentalen Umarmungsversuche: »Viele kommen des Geldes wegen, denn wir Russen haben zwar den Krieg gewonnen, aber den Frieden verloren.«

Die nächste Station ist eine Neubauwohnung in der Nähe, wohin er zwei Monate nach seiner Ankunft versetzt wurde. Er teilte sie mit einer Familie aus Moskau. Dina schlief mit den beiden Kleinkindern der Familie in einem Raum. Er hat gelitten in dieser Zeit. Er fand den Mann »primitiv«. Der hatte sich »geweigert, der deutschen Sprache teilhaftig zu werden«.

Unter den misstrauischen Blicken des fremden Familienoberhauptes stöbert Dina in einem Schränkchen und entdeckt ein Halsband aus Plastikkorallen und Noten, die sie vergessen hatte. Brahms, Klavierstücke opus 118. »Eine wundervolle Ausgabe«, sagt er, »weil sie dem Werk getreu ist.« Post ist ebenfalls angekommen.

Auf der Fahrt nach Marzahn, wo die Ugorskis seit einigen Tagen eine eigene Wohnung bezogen haben, sitzt Dina still auf dem Rücksitz. Ihr Musikprofessor hat ihr aus Leningrad geschrieben. »Er war in Amerika«, sagt sie, »und nun ist er traurig, daß er wieder zurück ist.« Plötzlich lacht sie. »Er schreibt, daß er kürzlich spät nachts in seine Wohnung zurückgekehrt hat ...« Ugorski verbessert knurrend: »ist«. »... und daß ihm eine fremde Frau geöffnet ist«, fährt Dina fort und ignoriert Ugorskis Stöhnen, »und da hat er gemerkt: Er hat sich im Block geirrt.«

Dinas Leningrader Musikprofessor wohnt in einer Satellitenstadt, die aussieht wie Marzahn, erläutert Ugorski. Wir biegen in einen Schlammweg, der durch die Steinwüste führt, und halten vor einem großen Kasten, der genauso aussieht wie die hundert anderen Kästen in der Nachbarschaft: Marzahn.

Für Ugorski ist es das Paradies. Die ersten eigenen vier Wände, und das bereits fünf Monate nach seiner Ankunft! Seit gestern haben sie Betten und müssen nicht mehr auf dem Boden schlafen. Und eine Freundin der Gastgeberin aus West-Berlin hat ihm Kopfhörer und ein Digital-Piano geliehen, einen PX55 von Technics. Nun kann er in seiner Neubauwohnung sogar nachts üben, ohne die Nachbarn zu stören.

Die Wohnung ist so gut wie nicht möbliert. Kartons stapeln sich im Flur. Ein durchgelegenes Bett, einige zusammengerollten Reismatten. Die Wohnung riecht nach Beton und Linoleum und Reis mit Möhren – Ugorskis Frau hat gekocht.

Maja Ugorski, eine aristokratische Schönheit im schwarzen Juliette-Greco-Look, hatte sich am längsten gegen die Ausreise gesperrt. Die Musikwissenschaftlerin hatte sich politisch in Leningrad engagiert und gekämpft für den Reformkurs – und schließlich resigniert. »Selbst berühmte Schriftsteller wie Rasputin äußern sich mittlerweile antisemitisch«, sagt sie, »und der Mathematiker Schafarewitsch hat kürzlich eine Theorie zur jüdischen Weltverschwörung veröffentlicht. Wir sind am Tode von Jesus schuld, an der Ermordung der Zarenfamilie, an den Stalinschen Verbrechen und an der gegenwärtigen Mangelversorgung.«

Sie kocht Nescafe und stellt ein umgedrehtes Geschirrsieb als Tisch auf den Boden. Drüber, als Deckchen, ein Geschirrhandtuch. Dann nimmt sie elegant auf einem Kofferträger mit Rollen Platz, den sie mit einem Kissen ausgestopft hat.

Neben dem Bett liegt Bulgakows *Meister und Margarita.* Sie liest es nun zum zehnten Mal, und zwar auf russisch, wie Ugorski mißbilligend brummt. »Er ist der Meister«, sagt sie und zeigt auf ihren Mann, »und gleichzeitig ist er der Teufel.« »Für meine Freunde war ich in dem Buch immer der Strawinski«, sagt Ugorski beleidigt. »Du wirst sehen«, wendet er sich an seine Frau, »es wird alles gut, dank dieser Hände«, und er klimpert in der Luft und grinst.

Maja Ugorski hat vor Jahren in der russischen Aufführung von Schönbergs *Pierrot lunaire* gesungen. Und für den Gast singt sie es an diesem Abend, in der leeren Neubauwohnung in Marzahn, noch einmal. Ugorski schlägt die ersten Akkorde, und Maja singt und spricht, ein weicher Sprechgesang mit rollenden »Rs« und fremdschönen Labialen, »den Wein, den man mit Augen trinkt, gießt nachts der Mond in Wogen nieder«, und in diesem Moment geht in einer Wohnung gegenüber das Licht an, ein runder chinesischer Lampion, und er sieht aus wie der Mond.

Am anderen Tag, wieder in der Wohnung der Gastgeberin, übt Ugorski für sein Konzert, das er in Neukölln geben wird. Er wird Ullmann spielen und Gideon Klein und Krasa, Komponisten, die in Auschwitz ermordet wurden, und er flucht über Ullmann, weil seine Schönberg-Variationen so schwierig sind. Es muß klappen. Abbado könnte kommen. Die Philharmoniker! Kürzlich hat ihn der Pianist David Levine gehört.

»David Levine«, sagt die Gastgeberin, »schwärmt von dir.« Ugorski nickt befriedigt. Levine ist ein exzellenter Pianist und eigentlich ein Konkurrent.

Während Ugorski übt, verlässt die Gastgeberin die Wohnung, um Rabbi Stein zu besuchen, ein guter Freund, dem sie ihr neues Buch schenken will. »Auch Askoldov hat sich jetzt nach Berlin abgesetzt«, erzählt sie unterwegs. Der Regisseur des Films *Die Kommissarin* wurde in Moskau als »Judenfreund« beschimpft.

Im Flur der Jüdischen Gemeinde am Berliner Ku'damm herrscht Hochbetrieb zu dieser Mittagsstunde. Russischjüdische Familien warten mit Urkunden und anderen Papieren, um sich registrieren zu lassen. Der Sachbearbeiter schaut über seine Brillengläser hinweg und sagt: »Wir überprüfen und kontrollieren sehr streng. Denn natürlich gibt es auch Fälschungen.« Die Familie, die vor ihm sitzt, protestiert. »Wir sind aber echte Juden«, sagt die Frau.

Vor einem halben Jahrhundert war der Judennachweis das Todesurteil in Deutschland. An diesem Vormittag zittern Menschen um die Anerkennung ihrer Abstammung und wollen nichts anderes als das: nachweisen, daß sie Juden sind.

Heißt das, daß Deutschland amnestiert ist? Daß der Holocaust vergeben ist? Daß der Wahnsinn vergessen und die Erinnerungsneurose geheilt, daß Normalität möglich ist?

»Vielleicht in einer künftigen Generation«, sagt Rabbi Stein, »aber solange Täter und Opfer noch ihre Ellbogen reiben, wird es nicht möglich sein.« Im Supermarkt, im Tabakgeschäft, überall sind »Menschen, die geschwiegen haben und zusahen, wie meine Familie deportiert wurde«.

Rabbi Stein ist geistreich und lebendig, er springt auf, und er sagt: »Über einen neuen Antisemitismus mache ich mir keine Gedanken, denn der alte ist noch stark genug.« Dann skizziert er in spöttischen, treffenden Bemerkungen das sentimentale Festtagsgedusel, das den liberalen Feiertagsdeutschen in den Gedenkveranstaltungen zur Pogromnacht die echte Auseinandersetzung erspart. »Mit dem 9. November als Tag des Mauerfalls«, sagt Rabbi Stein und putzt seine Brille dabei, »hat die deutsche Gesellschaft zudem ja noch einen wunderbaren Grund gefunden, den 9. November 1938 zu vergessen.«

Er sitzt im Gegenlicht vor dem brausenden Tauentzien, und in seinen Bücherregalen stapeln sich alte Folianten. Auf einige ist er besonders stolz. Auf die *Exodus*-Ausgabe von 1766, auf den Talmud-Kommentar von 1693. Er arbeitet an einem Text der Genesis. Gott fragt Kain: Wo ist dein Bruder?

Rabbi Stein raschelt mit dem Papier, auf das er seinen Kommentar geschrieben hat. Und er trägt seine

Deutung in rhythmischen Langzeilen vor, einen Kommentar auch auf die Zeit, in der Deutsche ihre jüdischen Nachbarn den Henkern auslieferten und ermordet haben, und Rabbi Steins Stimme ist von alttestamentlicher Dramatik: »Der Fluch soll siebenfach den treffen, / der meuchlings mordend seinen Bruder schlägt und dann noch vorgibt, / nichts davon zu wissen.« Und er hebt seine Stimme: »Ob einst, ob jetzt, / solang er unter Menschen weilt, soll er gezeichnet sein, / damit ein jeder deutlich ihn erkenne, / ihn, den von Gott verdammten Kain.«

Rabbi Stein kümmert sich um die große West-Berliner Gemeinde, die 6700 Mitglieder zählt, und um die auf 350 Mitglieder geschrumpfte in Ost-Berlin. »Es gibt dort einen Antisemitismus ohne Juden«, sagt er und lächelt. Er hat ein Faible für Paradoxe.

Ab und zu geht er in die Ost-Berliner Synagoge in der Rykestraße. Vorne ist das »Büro der Volkssolidarität« untergebracht. Und hinten treffen sich, zum Sabbat, 15 Fromme. Erwartet er sich durch die einwandernden Ostjuden eine neue Blüte des jüdischen Gemeindelebens? »Ach, wissen Sie«, sagt er, »das ist so wie bei den Katholiken. Die wenigsten gehen in die Kirche.«

In einigen jüdischen Gemeinden regt sich mittlerweile Widerstand gegen die Freizügigkeit für asylsuchende Ostjuden. Die Furcht vor den armen Verwandten geht um, eine kleinkarierte Sozialangst, die etwa

Äußerungen wie die des Landesvorsitzenden der Jüdischen Gemeinden Niedersachsens, Michael Fürst, diktiert. Fürst sagte, er habe »Verständnis für die Haltung der Bundesregierung«, denn: »Wenn hier tatsächlich zigtausend Juden vor dem Zaun stehen, dann kann man sie nicht alle auf einmal hereinlassen.« Rabbi Stein kommentiert sarkastisch: »Nicht alle Sprecher wissen, was sie sprechen.«

Ugorskis großer Abend wird in Neukölln ausgerichtet, in einer hellen Multimedia-Kulturfabrik an der Karl-Marx-Straße, mit Café und Restaurant und großen und kleinen und kleinsten Räumen. Das Konzert trägt den Titel »Dem Vergessen entrissen«. Es findet im kleinsten Raum statt, direkt über der Küche, aus der das Klappern von Flaschen dringt und das Stimmengewirr der Köche.

Die »Kammermusik aus dem Ghetto Theresienstadt«, mit der der Verein »musica reanimata« die in den Konzentrationslagern ermordeten Komponisten dem Vergessen entreißen will, hat lautstarke Konkurrenz. Aus einem der großen Säle nebenan, wo ein schwäbischer Zauberer und Entertainer seine Späße treibt, dringen Gelächter-Wogen.

13 Menschen haben sich im Raum versammelt. Ugorskis Frau und Tochter und Angehörige des veranstaltenden Vereins. Vorne auf dem Podium, neben den weißlackierten Heizkörpern, schimmert der schwarze Flügel. Ugorski schreitet aus der Tür hinter

dem Podium. Er trägt den Smoking, den ihm Freunde ausgeliehen haben. Er verbeugt sich, mehr nervös als majestätisch, und nimmt Platz. Neben dem Flügel hat sich, groß und blond und blauäugig, der Sänger Andreas Scheibner in Positur gestellt, ein Bariton von der Dresdner Semperoper, ein international bekannter Solist, der diesen Abend mit Ugorski einstudiert hat.

Fünf Lieder von Hans Krasa eröffnen das Programm. Krasa, der Schöpfer der Oper *Brundibar,* wurde 1942 ins Lager Theresienstadt deportiert. Hier hatte er die Leitung der »Musiksektion« im Rahmen der »Freizeitgestaltung«. 1944 wurde er in Auschwitz ermordet. Seine Lieder erzählen von Liebe, Hass und Tod; Ugorski begleitet sie mit durchsichtigen, luftigen Läufen, er legt seine Stirn in Falten, und an den leisen Stellen klirren die Flaschen in der Küche.

Dann verlässt der Sänger das Podium und läßt Ugorski allein mit Gideon Kleins Klaviersonate. Der dritte Satz gibt Ugorski ausgiebig Gelegenheit, sein dramatisches Temperament und seine atemberaubende Virtuosität zu zeigen. Einen vierten Satz hat die Sonate nicht. Gideon Klein wurde vor der Vollendung seines Werkes von den Nazis ermordet.

Dann sprechen Förderer des Vereins von ihren Zielen, und ein Musikwissenschaftler erzählt von Leben und Werk der Komponisten. Ugorski, der auf einem der leeren Plätze im Zuschauerraum Platz genommen hat, stellt seinen Kopf schräg nach oben und schaut traurig zur Decke. Abbado ist nicht gekommen. Wenn wenigstens seine Gastgeberin hier wäre. Er sieht gut aus in seinem Smoking. Er konzentriert sich auf den zweiten Teil. Auf Viktor Ullmann, den er die letzten Tage besonders geübt hat. Freie Atonalität, wechselnde Rhythmen, nichts, woran man sich halten könnte außer der eigenen Musikalität, der eigenen Technik.

Und dann spielt er. Er drischt die Anfangsnoten f, a, f, b, die Ullmann Schönbergs opus 19 entnommen hat, und er stürzt sich in die mäandernden Variationen, und seine Lippen sind zusammengepreßt. Und als er geendet hat, brandet Applaus auf von 13 klatschenden Handpaaren, und er wird dreimal wieder hervorgeholt.

Hinterher, in der modernen, hellen Cafeteria, spricht der Bariton Andreas Scheibner davon, daß er die ganze Zeit darüber nachdenken musste, unter welchen Bedingungen die Lieder entstanden sind, die er gesungen hat.

Und Ugorski? »Die Doppelfuge von Ullmann ist die Hölle. Besonders ab Takt 30. Das ist eines der schwersten Stücke der Musikliteratur.« Aber er ist zufrieden mit sich. Und irgendwann wird er Abbado schon treffen.

Der Spiegel 47 / 1990

Im Fegefeuer der Literatur

Über Harold Brodkey und seinen unveröffentlichten Amerika-Roman

Schichtwechsel in Manhattan. Die Broker haben ihre entscheidenden Schlachten geschlagen, und die Koks-Dealer mustern ihre Vorräte für das Abendgeschäft. Die schwarzgekleideten Tempeldiener vor »Morgans«, dem düsteren Kult-Hotel an der Madison Avenue, bekommen kalte Füße, und Milliardärsgattinnen telephonieren mit Romeo vom »Le Cirque« – den richtigen Tisch, Romeo, den rechts vom Eingang, alles andere wäre Sibirien, wäre der Tod.

Im »Pumping Iron Gym« am Broadway legt sich Harold Brodkey rücklings auf eine schwarze Lederbank und holt tief Luft. »Okay«, murmelt er ergeben. Sam, der sein Fitnessstudio führt wie ein freundlicher Folterknecht, wuchtet das Gewicht aus der chromblitzenden Gabel und lässt die tätowierten Tigerköpfe auf seinen angeschwollenen Bizeps grinsen.

Vorsichtig legt er die Stange in Brodkeys Handteller. Der stöhnt auf. Sein Brustkorb über dem breiten

Lederstützgürtel wölbt sich. An den Schläfen seines kantigen, grauhaarigen Schädels schwellen die Adern und seine Augen starren verschleiert in die Deckenbeleuchtung, ins Nirgendwo.

Dann pumpt er. Er stemmt und wuchtet mit maschinenhafter Gleichmäßigkeit, und er wartet auf diesen schwarzen Punkt, der erst stecknadelgroß erscheint, dann größer, bis er den ganzen Kopf ausfüllt und den Schädel sprengen will. Und alles ertrinkt in dieser tintigen Wolke aus Schmerz: Die mörderischen Depressionen am Schreibcomputer, das Gefühl, stigmatisiert zu sein, ein Jude, ein Genie vielleicht oder ein Versager, und vor allem die Qualen eines zweijährigen Kindes, das für 350 Dollar an seine Adoptiveltern verkauft und Harold Brodkey genannt wurde.

An seine Gewichte gekettet, findet Harold Brodkey, Schriftsteller, 58 Jahre alt, Erlösung. Für eine Stunde schrumpft der gottverlassene Kosmos auf blutdurchpulste Kapillaren und keuchenden Atem, auf um Befreiung wimmernde Muskeln und Schweiß und die stampfenden Kolben der Kraftmaschinen, auf einen narzisstischen Kampf, der sinnlos und nicht zu gewinnen ist. Harold Brodkey, ein amerikanischer Sisyphus in der blauen Stunde Manhattans. Man müsse sich Sisyphus, sagte Camus, als einen glücklichen Menschen vorstellen.

Seit einigen Wochen zieht Sam sein Trainingsprogramm mit Brodkey deutlich härter durch. Genauer gesagt: Seit Brodkey an allen Kiosken Manhattans auftauchte und vom Cover des Magazins *New York* herabschaute – hochmütig, schmallippig, bärtig und finster, und neben seinem Konterfei stand in großen Lettern DAS GENIE.

»Also, 'n Genie sind Sie, was?« zischte Sam, und in seiner Stimme lag gleichzeitig Bewunderung und Verachtung. Ein Kopftyp, hm? Hier unten heißt das Motto: »No pain, no gain«, und das gilt für alle, für Supermann Christopher Reeve, für Billy Idol und Sean Penn, und auch für diese Dichter, und Sam erhöhte die Gewichte. »Wer aber«, fragte das *New York Magazine* auf seinem Titel, »ist dieser Harold Brodkey – und warum ist er so berühmt?«

Harold Brodkey – das ist zunächst die typisch amerikanische Geschichte vom Sieg des chancenlosen Außenseiters. Er wurde 1930 als Aaron Weintraub in Illinois geboren. Seine Mutter, eine fromme Jüdin, starb, als er zwei Jahre alt war. Sein Vater, ein Schläger und Säufer, gab ihn seiner Cousine zur Pflege, und Doris Brodkey mußte sich übergeben, als sie ihn zum ersten Male sah: »Du warst übersät mit Wunden und Striemen.« Er lernte, sich die Liebe zu erkämpfen, die ihm nicht geschenkt wurde. Im Alter von sechs wurde ihm der Intelligenz-Quotient eines Genies bescheinigt, als Achtjähriger wußte er, daß er Schriftsteller werden würde.

Er überlebte den Krebstod seiner Adoptivmutter und den Tod seines Adoptivvaters im gleichen Jahr

– über beide sollte er ein Leben lang schreiben, denn nur »schreibend wurde mir klar, was das alles zu bedeuten hatte« – und er überstand die Gehässigkeiten seiner Mitschüler, die seine Brillanz beneideten.

Er ging nach Harvard, lernte seine erste Frau kennen, arbeitete fürs Fernsehen, schrieb Drehbücher für die NBC und Kurzgeschichten für den *New Yorker.* Harold Brodkey – ein gutaussehender, athletischer Kämpfer und ein begnadeter Stilist. Ein Typ, auf den Frauen und Verleger gleichermaßen flogen.

Als 1958 eine Sammlung seiner Kurzgeschichten unter dem Titel *Erste Liebe und andere Sorgen* erschien, genaue, melancholische Beschreibungen amerikanischer Jugendlicher, reagierte die internationale Kritik enthusiastisch. »Unwiederstehlich«, schrieb der *New Statesman,* »einer der vollendetsten Erzähler« die *New York Times,* und die Londoner *Times:* »Eine seltene Kombination aus Zartheit, Humor und glasklarem Verstand.« Sein Debüt brachte ihm ein Jahr später den begehrten Prix de Rome. Harold Brodkey, 29 Jahre alt, auf dem Sprung zu den Sternen.

Und dann wurde es still, sehr still. 30 Jahre lang sollte kein Buch mehr erscheinen. Einer der größten Erzähler der amerikanischen Literatur war plötzlich, wie J. D. Salinger, von der Bildfläche verschwunden.

Selbst wenn Sam neben dem TV-Guide noch etwas anderes lesen würde, hätte er allen Grund, misstrauisch zu sein. Denn Harold Brodkey, das Genie, ist berühmt für ein Buch, das er nicht veröffentlicht hat. Das Buch der Bücher, der Roman Amerikas, die Geschichte des 20. Jahrhunderts am Vorabend der Apokalypse, wo ein Mann namens Wiley Silenowicz wie ein Ethnologe das Land erforscht, in dem er aufwuchs und Kinder zeugte. Ein Panorama aus High-School-Sport und Kriegsbegeisterung und Liebe in den Vorstädten, aus Hollywood, Marilyn Monroe und dem großen Schauspiel des American Way of Life: Erfolg und Niederlage. Brodkey: »Ein Film wie ›Vom Winde verweht‹ – aber gedreht von Godard.« Titel des monumentalen Projekts: »Party of Animals«.

Schon 1964 hatte Brodkey eine erste Skizze an »Random House« verkauft. Sechs Jahre später, das Opus hatte inzwischen deutlich Gestalt angenommen, übernahm »Farrar, Straus & Giroux«. Als die *New York Times* 1976 zum ersten Mal die Veröffentlichung des Romans ankündigte, war er bereits auf über 2000 Seiten angeschwollen. Ein ganzes Team wurde für Überarbeitungen und Korrekturen abgestellt. Als Verlagschef Roger Straus kapitulierte – »Je mehr es wuchs, desto größer wurden unsere Probleme« –, sprang Verleger Alfred Knopf ein. Er kaufte das Buch für eine »großzügige« Summe und überwies 75.000 Dollar Abfindung an Straus.

Doch längst ist der epische Strom auch hier über die Dämme getreten, haben sich Stunden und Tage in neues Papier verwandelt, in einen Roman, der seinen

Autor verschlingt. Den genauen Überblick über das Mammutwerk, mittlerweile rund 6000 Seiten, hat seine Frau, die Schriftstellerin Ellen Schwamm, mit der er seit acht Jahren verheiratet ist. Sie hat die eigene Karriere unterbrochen, um seine Manuskripte zu sortieren und zu redigieren. »Sein Werk ist wichtiger«, sagt sie. Brodkey: »Da hat sie verdammt recht.« In diesem Frühjahr, definitiv, soll das Opus magnum erscheinen.

Die Wohnung – ein Nest im 14. Stock eines alten Apartment-Hauses auf der Upper West Side. Mit den Bauerntruhen, den geschnitzten Holzvögeln, den uralten geknüpften Wandteppichen wirkt es, als wolle es die Zeit anhalten. An den Flurwänden plump lackierte, brüchige Schachbretter, die nach verlausten Dschungelbars aussehen und nach vielen verlorenen Partien. Nichts Italienisches, Stilisiertes. Alles strömt Farbe und Kraft und Unschuld aus, wie von genialen Dilettanten oder Kindern. »Perfektion«, spuckt Brodkey verächtlich, »es gibt nichts Langweiligeres als Perfektion.« Und er fährt mit den Fingerspitzen über einen besonders schönen Glasurfehler auf einem Tonkrug.

Zwei Räume dulden keine Ablenkung, keine Farbe. Schwarz ist sein Schlafzimmer, nachtschwarz, tintenschwarz wie die Wörter, die durch manche seiner Alpträume geistern »und wie Finger an einem Bild formen, das dem meiner Mutter ähnelt«. Sein Arbeitszimmer ist weiß: weiße Wände, weiße Schränke, weiße

Papierberge. Über seinem Computer eine photographierte Manuskriptseite von Prousts *A la recherche du temps perdu.* In diesem Labor arbeitet Brodkey, den Freunde als Heiligen beschreiben und als Teufel, als eitel, großzügig, hochfahrend, paranoid. Seine Stimme rollt dunkel und kann zu dramatischem Flüstern abstürzen: »Was ist draußen los? Lacht man über mich?«

Er hatte den ganzen Morgen gearbeitet. Während sein Computer ausdruckt, starrt er niedergeschlagen vor sich hin und murmelt: »Was wollen Sie eigentlich von mir. Ich war mal ein guter Schreiber. Das ist lange her.«

Er hätte beim Fernsehen bleiben sollen, wo sich wenigstens Geld verdienen lässt. Für wen soll er heute schreiben? Die letzten Leser sterben aus. Kürzlich war er auf einer Party – »viel Trendsetter-Pack«, Debbie Harry, ein paar Graffiti-Künstler und ein Performer, der von seiner christlichen Bekehrung sprach. Dutzende von Fernsehgeräten waren zu einer riesigen Mauer getürmt, und auf einem Bildschirm las Brodkey seine Geschichte *Ceil.* Und Ceil kämpfte gegen *Bambi* und *Miami Vice,* und ein paar Leute schauten tatsächlich hin. »Richtig lesen«, sagt Brodkey, »das ist genauso lebensgefährlich wie schreiben. Und das riskiert in diesem Land keiner mehr.«

In dieser Stimmung hängt er sich normalerweise für Stunden ans Telephon. Oder er hört Mahler oder Schönbergs *Verklärte Nacht.* Doch an diesem Nachmittag half nur ein starkes Gegengift: Schmerz. Der Folterkeller und Sam mit den tätowierten Tigerköpfen.

Nach einer durchstöhnten, durchkeuchten, durchquälten, durchschwitzten endlosen Stunde hat er es geschafft. Er hat heute mehr gestemmt als gestern. Er klopft Sam auf die Schulter und grinst, und es ist dieses satte Machismo-Grinsen unter grauem Stoppelbart, das die amerikanische Literatur seit Hemingway kennt. Seine Augen glänzen. Den dunklen Schweißfleck auf dem Trainingsanzug trägt er wie einen Orden. Er dampft Selbstzufriedenheit.

Jetzt neigt er der Ansicht des Yale-Professors Harold Bloom zu, der ihn einen »amerikanischen Proust« nennt, oder der des einflußreichen Kritikers Denis Donoghue, der seine »einzigartige Kraft« rühmt, oder der Susan Sontags, die in ihm einen der wenigen sieht, »der wirkliche Einsätze wagt«. Sein Schriftstellerkollege Don DeLillo schrieb: »Seit einigen Jahren schon ist Brodkey unterwegs auf einer der großen, kühnen Forschungsreisen der amerikanischen Literatur.«

Der Beifall stützt sich auf mehr als nur Hörensagen. Denn in großen Abständen schickt Brodkey Postkarten von seiner Reise – Kurzgeschichten, die im *New Yorker* oder im *Esquire* oder in der *American Review* erscheinen. Bruchstücke seines Romans, die in sich vollendet sind und doch seit Jahrzehnten gelesen werden als Teile einer gewaltigen Architektur, die sich nur erahnen läßt: Hier ein Türbalken, dort ein Fries, ein

Fensteransatz, ein Kuppelbogen, ein Stück Dachfirst, so hoch wie der Turm, von dem Ibsens Baumeister Solness in den Tod gestürzt ist.

Harold Brodkey, der Ruinenbaumeister, der Luftschlossarchitekt, ist gleichzeitig Gewinner und Gefangener dieses Spiels mit den Erwartungen. Denn seine Texte werden gelesen und gleichzeitig nicht wahrgenommen. Wie bei Texten der jüdischen Offenbarung starren Brodkey-Gläubige durch sie hindurch in ein Dunkel, in dem sie versuchen, die Wahrheit, das vollendete Bild, den RO-MAN auszumachen. »Worüber wollen Sie mit mir reden?« hatte er mich gefragt. »Über Ihren Roman.« Er hatte gestöhnt. »Ist Ihnen das, was Sie kennen, nicht gut genug?«

Wie gut es wirklich ist, läßt sich jetzt nachlesen, denn kurz vor Jahreswechsel erschienen die *Stories in an Almost Classical Mode* (Geschichten auf eine fast klassische Weise) – Brodkeys erste Buchveröffentlichung seit seinem Debüt von 1958. Die Sammlung mit Kurzgeschichten aus dem letzten Vierteljahrhundert wurde von der *New York Times Book Review* prompt in die Liste der Jahresbesten aufgenommen. Im Poker um die deutschen Rechte schlug der Bertelsmann-Verlag, der sein Image literarisch aufpäppeln will, Konkurrenten wie Rowohlt und Diogenes mit einer sechsstelligen Summe aus dem Rennen. Im nächsten Frühjahr sollen die Geschichten auf Deutsch erscheinen – so lange, mindestens, veranschlagt man für die Übersetzung.

Wie Blitzschläge durchzucken die *Stories* geisterhafte Landschaften, die Kindheit heißen, Jugend oder Welt der Erwachsenen, und trotz aller philosophischen Streifzüge sind es vor allem Körper, die diese Momentaufnahmen festfrieren, gequälte und gestreichelte, über ein Lenkrad gebückt oder zwischen die Schenkel einer Frau, Kinderkörper und Athleten, als wären diese Körper monströse, magische Zeichen eines abwesenden Gottes, gruppiert zu einer »Party of Animals«, einem Fest der Tiere.

In »Pain Continuum« (Das Schmerz-Kontinuum) etwa wird der vierjährige Wiley von seiner älteren Schwester in ein fast unschuldiges sadistisches Spiel im Garten getrieben, dort, wo sie die Mutter (und Gott) nicht sehen kann. Wileys Opfergang, sein stummes Entsetzen, seine unendliche Tortur, fließt ein in Sätze, die selber nicht enden können und auch die Lektüre zu einer hypnotischen Qual werden lassen. Die letzten Worte dieser knapp 20 Seiten langen Initiation eines Kindes in die Welt des Schmerzes, des Bösen: »Ich mache mich auf und suche, was es noch an Trost für mich gibt.«

Auch »Innocence« erzählt die Geschichte einer Initiation, auch hier wartet der Leser auf einen Schrei, auch hier ist es der Körper, der die Erlösung bringen wird, doch es ist der Schrei der Lust und der Körper der einer Frau. Der junge Student Wiley versucht, seine Freundin Orra zum Orgasmus zu bringen, Orra, die Schöne, die Selbstbewußte, die Unschuldige. »Sie im Sonnenlicht zu sehen, war den Marxismus sterben zu sehen.«

In einer Sprache, die selbst Fleisch und Blut wird, die Kontraktionen und Dehnungen gehorcht, die sich aufbäumt und in langen, ruhigen, nachdenklichen Sentenzen verebbt, bevor sie kurzatmig auf einen neuen Höhepunkt zuhastet, beschreibt Brodkey den Liebesakt der beiden. Und er beschreibt ihn als eine Reise voller Risiken und Abenteuer, als unglaublich komplexes Geschehen aus Ängsten und Missverständnissen, aus Versprechungen, Herausforderungen, Abwehrhaltungen – zwei Körper, in denen sich Geschichte und Macht und Liebe bündeln wie in einem Brennglas.

»Sex«, heißt es in einer anderen Geschichte, »ist für den Romancier von heute das, was Sozialkritik für Dickens war. Sex ist, was wir studieren, ist unser Kompetenzbereich.« Die Körper haben ihre Unschuld verloren, sind nicht mehr die von Walt Whitman besungene und verklärte Natur, sondern sind zur Ware geworden im kapitalistischen Tauschverkehr. »Nur drei Dinge interessieren die Leute: Geld, Macht über andere und Sex.« Und doch scheinen Körper eine eigene Wahrheit zu bergen in einer Welt ohne Gott.

Wie ein Voodoo-Priester beschwört Harold Brodkey in seinen Geschichten Körper, als umschlössen Muskeln und Fasern und Gewebe ihre eigenen Erinnerungen, die sie unter seinen Zaubersprüchen preisgeben sollen. So entstehen merkwürdige lyrische Momentaufnahmen, Geschichten, die nichts als Reflexion über eine einzige Körperhaltung sind, Geschichten, deren Titel wie Gedichte klingen. Etwa: »Sein Sohn, in seinen Armen, im Licht, ganz hoch oben.«

Hier erschließt er, über den Größenunterschied zwischen Vater und Kind, einen ganzen Kosmos.

Mein Vater verfolgt mich. Mein Gott, ich fühle es die Wirbelsäule rauf und runter, wie er über den Rasen stapft, wie sich seine Hände nähern ... Ich kann ihm nicht entfliehen ... Ich werde in die Luft gehoben –, und während ich keuche und benommen glotze, erscheint eine Landkarte, eine Karte der dunklen Erde, auf der ich eben noch lief: ich hänge schlaff, und trotzdem erhebe ich mich auf dem stämmigen Balken, der der Arm meines Vaters ist ... Ich richte mich auf. Das sind die erleuchteten Fenster unseres Hauses, ziemlich weit weg. Das Gesicht meines Vaters ist nah und mit Geräusch erfüllt: Undeutlich ragt es auf, sein verborgenes Gesicht. Bist du das, alter Geldverdiener? Mein Hintern kerbt sich auf dem Trapez seines Arms. Mein Vater ist so groß wie ein Auto.

So sammelt Brodkey Stimmungen und Erinnerungen, tatsächlich auf der Suche nach einer verlorenen Zeit, doch anders als Proust, der noch einmal ein geschlossenes Epochengewölbe beschwören konnte, kann Brodkey nur Trümmerfelder mustern, Bruchstücke einer amerikanischen Kindheit und Jugend bergen, in einer Prosa, die geborsten ist unter den Keulenschlägen der modernen Welterfahrung – Joyce viel näher als Proust.

Wiley Silenowicz heißt das Findelkind, das ausgesetzt ist auf den Fluten der Erinnerungen und Imaginationen auf der Suche nach Amerika, in einer Sprache, deren Tragfähigkeit er immer wieder anzweifelt, die er misstrauisch nach verborgenen Lecks untersucht und mit beschwörenden Wort-Wiederholungen abdichtet, bis er das Steuer fahren lässt, Sätze in Punkten zerflattern lässt … und dahintreibt in musikalischen, rhythmisierten Sentenzen, um beim nächsten Fund zu verweilen.

Brodkey – das ist Faulkner, der den Sprachskeptiker Wittgenstein gelesen hat. Er arbeitet gerade an der Einleitung zu seinem Roman, die selbst wieder auf über 200 Seiten angeschwollen ist, und er sitzt an einem mit giftgrünen Korrekturen versehenen Blatt, an dessen Rand er den Stoßseufzer notiert hat: »Notizen, die im Kopf schon wieder umgearbeitet sind. Aber ich muß ihnen eine Chance geben, sie sich setzen lassen …« Und die Einleitung beginnt mit den Worten: »Das ist das fleischliche Echo des großen Flusses …«

Natürlich kann Brodkey diesen Kampf nicht gewinnen, und mittlerweile hat er sich an die Last, die er seit 20 Jahren stemmt, gewöhnt wie Sisyphus an seinen Stein, und er weiß – die Arbeit vollenden heißt Sisyphus töten. Und seinen Ruhm.

Harold Brodkey, der die gestochenste und gleichzeitig sinnlichste Prosa der amerikanischen Literatur schreiben kann, ist kein Scharlatan. Doch er wird geliebt und bewundert, weil er einer sein könnte – wie Truman Capote, der die Partygespräche 20 Jahre lang belebte mit einem Roman, der nie erschien. Hochstapler gehören zur amerikanischen Mythologie wie Westernhelden, und nirgends wird Größenwahn angehimmelt wie in New York, der größenwahnsinnigsten aller Städte – Größenwahn ist das Ticket zum Ruhm, und Ruhm ist der schärfste Stoff, der hier, im Fegefeuer der Eitelkeiten, zu haben ist. »Ruhm ist sinnlich«, schrieb der Kolumnist George Christy, »so wie die Dinge liegen, wird Ruhm in den neunziger Jahren den Sex ersetzen.«

Harold Brodkey genießt es, berühmt zu sein. »Dieses Land hat keine Aristokratie«, sagt er, »nur Mittelklassenmansch und Celebrities.« Seinen VIP-Status, schätzt er sarkastisch, wird er noch ein paar Wochen halten. Auf dem Broadway, vor dem Bücherladen »Shakespeare & Co« trifft er einen bekannten Kollegen. »Glückwunsch«, sagt der und zeigt mit aggressiver Unterwürfigkeit seine Zähne – eine Coverstory hat er noch nicht gehabt. »Danke«, grinst Brodkey jovial, »aber du weißt doch, daß du viel besser bist.« Nachdem die beiden sich verabschiedet haben, König und Knecht in der labilen New Yorker Machtpyramide, tuschelt Brodkey fröhlich: »Ein unglaubliches Arschloch.«

Stolz weist er auf seine *Stories,* die im hell erleuchteten Schaufenster auf einer Säule stehen, eine braun eingeschlagene Bibel mit Gold- und Silberlettern – das Buch Brodkey. Von seiner Säule blickt es herab auf das neue von Gore Vidal, und auf den Boden, auf die dikken Paperback-Stapel von Tom Wolfes brillantem *Fegefeuer der Eitelkeiten,* die sich an ihrem Fuß brechen wie eine bunte Flut. »Massenware.« Er behauptet, er habe das Buch nicht gelesen.

In seinem Stammcafé stehen Becher mit bunter Ölkreide auf weißen Papiertischtüchern. Er nimmt einen orangefarbenen Stift und zeichnet das komplizierte Molekularmodell der New Yorker Literaturszene auf. Stunden verbringt er am Telephon, um seine Streitkräfte zu mobilisieren, neue Frontverläufe in Erfahrung zu bringen, um auszuhorchen, zu manipulieren, zu intrigieren. Er liebt den Klatsch. Er ist ein Meister der Intrige.

In seinem komplizierten Netz aus Vektoren haben alle ihren Platz: Philip Roth und Norman Mailer, Susan Sontag, der *New Yorker* und die Kritiker der *New York Times.* John Updike gehört nicht dazu. Er ist ein fetter blauer Kringel am Rande des weißen Planquadrats. Und darüber schreibt Brodkey »Bully«. Updike, dieser Idiot, der ihn porträtiert hat als geilen, alternden Teufel in den *Hexen von Eastwick:* »Vor allem die sexuellen Passagen beziehen sich eindeutig auf mich.«

Auch wenn Updike das längst bestritten hat – Brodkey weiß Bescheid. Ob er auf Updikes Erfolg eifersüchtig ist? »Überhaupt nicht. Ich wundere mich nur, daß man mit so was Geld machen kann.« Dabei weiß Updike, der WASP, längst, dass er gegen ihn, den Juden Brodkey, verloren hat. Er soll einmal gesagt haben: »Wenn Brodkey wirklich gut ist, taugt mein ganzes Zeug nichts.« Brodkey raunt es mir verschwörerisch über den Tisch zu, voller Genugtuung – offenbar ist ihm entgangen, wie zweischneidig dieser Ausspruch ist.

Seine Feinde, die Brodkey mit alttestamentarischen Flüchen belegt, kennt er genau. Äußere Kennzeichen: Sie sind häßlich. Sie wirken verklemmt. Sie sind nicht sexy. Sie sind das genaue Gegenteil von ihm. Zum Beispiel James Wolcott, der in *Vanity Fair* geschrieben hatte: »Brodkey ist noch nicht mal der schlechteste Schreiber der Welt, obwohl er sich alle Mühe gibt, es zu sein.« Brodkey hat Wolcott, die Laus, nie gesehen. Doch er schwört, daß er klein und fett ist, schiefe Zähne hat und nicht mehr lange leben wird.

Auf den kaum erwähnenswerten Verriß einer Kurzgeschichte antwortete Brodkey einst mit einem Pamphlet von 40 eng beschriebenen Seiten, deren kompletten, sofortigen Abdruck er verlangte. Man einigte sich schließlich auf Auszüge, die wesentlich länger waren als die ursprüngliche Kritik. Am Ende dieser Abrechnung gab Brodkey seine Adresse an, für Leser, die an der Langfassung Interesse haben könnten.

Schon lange führt Harold Brodkey auf diese Weise Krieg. Wer nicht für ihn ist, der ist gegen ihn. Und dann klappt er das Visier herunter, legt die Lanze ein und stürmt auf Windmühlen los.

Doch dieser Tage schimmert seine Rüstung golden, er ist der Held auf der Titelseite, das Genie, und natürlich steht er ganz oben auf der Liste der Ehrengäste, wenn am Abend das »Armitage Ballet« sein neues Programm vorstellt – sehr Underground, sehr trendy, in Kostümen und Dekorationen, die David Salle und Jeff Koons entworfen haben, die derzeit gefragtesten Aufsteiger der New Yorker Kunstszene.

An diesem Abend ist die Welt bereits untergegangen – »The World« heißt der düstere Klub an der Lower East Side, der aussieht wie ein Kultbunker postapokalyptischer Horden aus den *Mad Max*-Filmen – Brot und Spiele und Liturgien für Manhattans dekadenten Dollar-Adel. Am blaugepinselten Bühnenhimmel kleben silberne Ballonherzen wie Schwärme von Schmeißfliegen. Die Ziegel, die ihren Putz nicht halten können, sind goldgepinselt. Der Balkon schwimmt in zerschlissenem blutrotem Samt. Und aus Hunderten gebrochenen Spiegeln feuert eine langsam kreisende Disco-Kugel bonbonfarbene Salven auf das Junk-Paradies.

An den Tischen in der ersten Reihe haben die Fürsten der Unterwelt Platz genommen, Jasper Johns, Kurswert: 1,4 Millionen Mark, finster und massiv wie ein römischer Imperator. Er flüstert mit David Salle, Kurswert: 170.000, bleich und schwarzhaarig, ein leukämischer Prinz, und beide dulden, als intellektuellen Hofnarren, den Autor George W. S. Trow, dessen graue Mähne über dem Tweedkragen rollt wie eine Welle aus Asche. In einem Essayband hat Trow über das Thema »Berühmtheiten« notiert: »Berühmtheiten führen ein persönliches Leben und eines im Raster von zweihundert Millionen. Für sie gibt es keinen Unterschied zwischen den beiden Rastern des amerikanischen Daseins. Von allen Amerikanern sind sie die einzigen, die komplett sind.«

An diesem Abend fühlt sich Harold Brodkey komplett unverwundbar im Scheinwerferlicht, in den Augen Fernsehkameras. An seiner Seite Andre Balas, jung, kultiviert, reich, mit der untrüglichen Witterung für den »richtigen« Umgang. Einst war Andre ein vielversprechender junger Autor. Er lernte Brodkey als Literaturstudent kennen. »Brodkey kam in den Seminarraum, ging schweigend zur Tafel, schrieb S + M, drehte sich um und sagte: Seduction and Malice – Verführung und Bosheit, darum dreht sich alles.« Kurz darauf hat sich Andre für den Mammon entschieden, für Babylon, und hat sein »M. K.« aufgezogen, den heißesten Klub Manhattans, und hat sich jahrelang nicht gemeldet bei Brodkey – bis der wieder in den Klatschspalten auftauchte. Heute behauptet Andre, er habe eine leidenschaftliche Liebes-

Affäre mit Brodkey gehabt, was der bestreitet. »Es war nicht leidenschaftlich.«

Gemeinsam sitzen der Meister und sein Schüler nun die schlechteste Show des Jahres ab, ein Potpouri aus Go-go-Girls, Jimi Hendrix' elektronischen Gewittern und Papptorten. »Jenseits von schrecklich«, murmelt Andre verzückt. Harold Brodkey räuspert sich sehr britisch: »Mich langweilen Aufführungen, in denen die Mitwirkenden unbedeutender sind als meine Freunde.«

Nach der Show eskortiert Andre ins »M. K.«, vorbei an Türstehern mit Gesichtern wie Todesengeln, in den granitgrauen ehemaligen Bankraum mit den gefälschten Pollocks an den Wänden, den Goldfischaquarien und den kleinen Vitrinen-Altären, die Aktphotos der Jahrhundertwende präsentieren wie pornographische Reliquien. Schwere Tresortüren markieren die Tanzfläche. Der Tanz ums Goldene Kalb, die Party of Animals, läuft bereits auf Hochtouren. Gerade wird ein Photobuch mit nackten Gymnasiastinnen präsentiert, über die sich mit animierter Kokskälte Werbeleute, Models und Dollar-Machos beugen.

Mittendrin Jay McInerney, der Häuptling der Brat-Pack-Literaten, der Popstar unter den Autorenbabys der achtziger Jahre, seit Jahren mit Brodkey »befreundet«, so, wie sich die Extreme eines Spektrums wieder berühren, denn McInerney, ein sympathischer Junge mit viel schwarzer Wolle auf dem Kopf, schreibt viel und nicht besonders brillant und sehr erfolgreich. Sein Lieblingsthema ist Jay McInerney, weshalb ihn die Frage nach Brodkey irritiert. »Brodkey?« murmelt er und umklammert sein Corolla-Bier. »Als ich ›Bright Lights, Big City‹ herausgebracht habe, vor fünf Jahren, da habe ich die Szene umgekrempelt. Die anderen haben nachgezogen. Ich war der erste, der von Drogen geschrieben hat, vom Gefühl, als junger …« Noch einmal Brodkey. Wird er seinen Roman je veröffentlichen? McInerney, der gerade sein viertes Buch abgeliefert hat, stiert ratlos auf den gefälschten Pollock und zuckt mit den Achseln. »Vielleicht kurz bevor er stirbt«, sagt er und leert sein Bier.

Das jüdische »Yivo«-Institut ist in einem klassizistischen, dreistöckigen Gebäude an der Fifth Avenue untergebracht. In der dunkelgetäfelten Bibliothek wird Harold Brodkey von Joseph Greenberger, einem ernsten, schwarzbärtigen Professor, und Samuel Norich, dem Präsidenten des Instituts, erwartet. Immer wieder hat Brodkey diesen Termin vor sich hergeschoben. Das »Yivo«-Institut kümmert sich um das Erbe des osteuropäischen Judentums. Es ist auf Spenden und Sponsoren und vor allem auf prominente Förderer angewiesen, die Öffentlichkeit herstellen sollen. Brodkey soll helfen. Damals, in Wilna, kämpfte das Institut gegen die Nazis ums Überleben. Heute, in New York, kämpft es gegen das Vergessen.

Auf einem langen, polierten Nußbaumtisch sind Exponate der »Yivo«-Sammlung ausgelegt – Dokumente einer vitalen Kultur und eines unendlichen Leidens.

Die Jalousien sind an diesem Mittag halb heruntergezogen und sperren Manhattans nervösen Lärm aus. Fahles Dämmerlicht liegt über den Schriftstücken und eine fast gespenstische Stille, die nur durch das halblaute Murmeln Norichs unterbrochen wird. Brodkey betrachtet fasziniert eine Handschrift des *Dibbuk,* Bilder von den osteuropäischen Gettos des vorigen Jahrhunderts, Listen von Juden, die 1877 aus Russland nach Österreich flohen. Er beugt sich interessiert über Manuskripte von Scholem Alejchem und Isaac Bashevis Singer. Halten die Yivo-Direktoren Brodkeys Literatur für jüdisch? »Ja«, sagt Norich, »nein«, sagt Greenberger, beide gleichzeitig.

Norich hebt die Stimme eine Spur, wie wenn er sie stützen müsste, als er auf die vierziger Jahre zu sprechen kommt. Da ist das »Diensttagebuch eines Blockführers«, der akkurat geschriebene Bericht über die »Säuberung« des Gettos, und die Verfügung, daß jeder Jude mit Mittelnamen »Israel« und jede Jüdin »Sarah« zu heißen habe. »Was für ein Sinn für Humor«, sagt Brodkey leise. Er nimmt einen gelben Stern aus Stoff zwischen die Finger, befühlt ihn fast geistesabwesend und sagt: »Wie könnt ihr mit diesem Zeug nur leben«, und er lässt das »ihr« wie ein Gitter fallen zwischen sich und die Geschichte, die da ausgebreitet vor ihm liegt.

Als Norich auf ein Schulheft deutet, in das ein Mädchen im Ghetto-Unterricht mit blauer Tinte und kindlicher Schönschrift den Satz des Pythagoras geschrieben hat, gibt Brodkey auf. Er wendet sich ab. Er tritt ans Fenster und weint. Und plötzlich spricht er von seiner Mutter, der strenggläubigen Jüdin, die starb und ihn damit verließ, als er gerade sprechen und laufen lernte. »Als sie starb, bin auch ich gestorben.« In seiner Geschichte *Ceil,* die wie ein geflüstertes Gebet und eine Liebeserklärung an die Mutter ist, steht der Aufschrei: »Ich erinnere mich an meine Mutter. Ich hasse alle Juden.«

Noch heute, murmelt Brodkey in der dämmrigen Bibliothek, muss er mit Übelkeit kämpfen, wenn er Jiddisch hört. Und er schaut dabei auf das blaue Schulheft, als seien die Leiden des jüdischen Volkes und der Schmerz über den Verlust der Mutter zu einer einzigen großen Wunde verschmolzen.

Draußen, auf der Straße, ist Brodkey ratlos, bleich. Er schaut auf den Verkehr, ohne ihn wahrzunehmen. »Glauben Sie an Gott?« fragt er. »Glauben Sie?« »Nur dumme Menschen haben keinen Gott«, sagt er. Es ist drei Uhr nachmittags, und der Moloch Manhattan bereitet sich auf den Schichtwechsel vor.

Und Brodkey winkt sich ein Taxi herbei und verschwindet in der blauen Stunde, zurück in ein anderes Leben, in eine andere Geschichte, in der ein Junge namens Wiley Silenowicz die Hauptrolle spielt.

In »Angel«, der letzten und vielleicht schönsten der *Stories,* wird Wiley Silenowicz Zeuge einer Offenbarung. »Heute erschien Der Engel der Stille und der Eingebung (von Wahrheit) vor einer Reihe von uns auf dem Gehweg vor der Harvard Hall – es war kurz nach drei Uhr …« Wie in allen großen mystischen Texten wird die Erscheinung mit großer gedanklicher Klarheit und Selbstverständlichkeit beschrieben. Es ist, als sähe Wiley Gott und überlebt, und er ist erstaunt darüber. Er erwartete, daß die Letzte Wahrheit, die Letzte Gerechtigkeit alle hinwegraffen würde an diesem Nachmittag in Harvard. Doch: » … Der Engel beendete mein Leben nicht –«

Die Erscheinung, die in allen Details beschrieben wird (»Zuerst fiel ein Schatten …«), dauert ungefähr eine Stunde. Für Wiley Silenowicz bedeutet sie Schönheit und Ruhe und Wahrheit. Sie läßt ihn zurück mit Kopfschmerzen, Übelkeit – und einer gewaltigen Erektion.

Der Spiegel 4 / 1989

Die Abendröte des Westens

Über den geheimnisvollen Romancier Cormac McCarthy

Irgendwann muß jeder lernen, sich selbst zu ertragen«, sagt die Stimme. »Meinen Sie nicht?« Eine ruhige Stimme. Eine, die Pausen liebt. Eine verdammt selbstsichere Gottvater-Stimme, schwer wie Fels im Rauschen der Leitung und ebenso einsam.

Er lebt allein, in einem kleinen, weißen Steinhaus in El Paso an der mexikanischen Grenze. Bei ihm ist es mittags. Draußen brennt die Sonne den Boden rissig. Rund 40 Grad, schätzt er. Die Klimaanlage taugt nicht viel. Ab und zu unterbricht er das Gespräch, um sich Wasser über Kopf und Arme laufen zu lassen. Das Schlafzimmer ist dunkel, und neben dem Bett stapeln sich Bücher, viele davon offen. Zur Zeit liest er Ray Monks Biographie über Wittgenstein.

Es wird nur Telefongespräche geben, über Tage hinweg nur die Stimme, das ist die Vereinbarung. Und sie macht Sinn: Cormac McCarthy ist ohnehin nicht mehr als ein Phantom im Literaturbetrieb. Ein Insidertip.

Ein Schriftsteller für Eingeweihte. Ein geflüsterter Name, der meist im Zusammenhang mit zwei anderen genannt wird: Joyce und Faulkner. Die meisten seiner Romane sind den Stiftungen und Akademien gewidmet, deren Stipendien sie ermöglicht haben – verkauft hatten sie sich bisher nie.

Das Foto zeigt einen Mann Ende 50. Hohe Stirn. Große, wache Augen. Cormac McCarthy ist eine Stimme, ein paar tausend Kilometer weit weg, und die sagt: »Ich habe Glück gehabt im Leben – ich habe nie eine einzige Zeile geschrieben, um Geld damit zu verdienen.« Wenn er Bücher hätte verkaufen wollen, wäre er Händler geworden und nicht Schriftsteller. Öffentliche Auftritte nennt er »Hurerei«, und Interviews lehnt er normalerweise ab.

»Für Wittgenstein war Schreiben eine Maschine, um anständig zu werden.« Er lacht in sich hinein wie über eine Pointe, die nur er versteht: »Man macht das, was man gut kann.« Selbstzweifel kennt diese Stimme nicht. Aber sie kennt den Preis, den man dafür bezahlt, wenn man nicht bereit ist, sich zu verkaufen.

Für seinen Roman *Suttree,* der jetzt, 13 Jahre nach der amerikanischen Erstveröffentlichung, auf deutsch unter dem Titel *Verlorene* erscheint, hat er bezahlt. Ein Buch wie ein Monolith in der amerikanischen Literaturlandschaft, schwarz, mächtig, geheimnisvoll. Cornelius Suttree, der College-Abgänger, der auf einem Hausboot in Tennessee lebt, der sich vom Fluss ernährt, der stinkenden Kloake, in der Fische und Abfälle und Kinderleichen treiben, ist ein mythischer Held mit modernem Bewußtsein, geschichtsschwer, listig, unabhängig, ein Stephen Dedalus in der Phantasmagorie des Westens.

Wie der *Ulysses* spielt auch *Suttree* mit Verweisen auf die antike Mythologie – der Fluß, der die »Welt der Gerechten« vom Reich der »gröberen Lebensformen« trennt und die Lebenden von den Toten, ist der Styx, und Suttree ist ein Schatten unter Schatten, die in Höhlen und Fässer und unter Brücken fallen.

Es ist wenig, was man von Cormac McCarthy weiß, und das wenige findet sich, verrätselt, in *Suttree* wieder. Wie Suttree hat auch Cormac McCarthy unter Brücken gelebt und ist in Gefängniszellen aufgewacht, in Tennessee in den fünfziger Jahren. Sein Vater war ein wohlhabender Anwalt. Großes Herrschaftshaus, Dienstpersonal, katholisch, klassische Bildung. Cormac liebte Bücher, aber noch mehr die Wildnis draußen, das Leben auf der Klippe.

Die Stimme am Telefon erzählt von jener Zeit widerstrebend zunächst, dann behutsam, als wolle sie keine Wunden aufreißen: »Viele der Menschen, von denen in ›Suttree‹ erzählt wird, leben noch.« Sein Vater, zum Beispiel.

Sowenig wie Suttree, das Kind eines Predigers, interessiert sich Cormac, der Anwaltssohn, für die Karrierevorgaben seines Vaters. Er meldet sich freiwillig zur

Air Force, er verbringt vier Jahre in Alaska, in denen er vorwiegend liest, er kehrt zurück, er beginnt zu schreiben und tut sein Leben lang nichts anderes mehr als das.

Er vagabundiert durch den Südwesten, er lernt alles über Klapperschlangen und über Pferde, er meidet die großen Städte. Er lebt in Motelzimmern, er heiratet zweimal, seine Frauen verlassen ihn, und er schreibt, und er liest und lagert seine Bibliothek, rund 7000 Bände, in Schließfächern ein. »Bücher werden aus Büchern gemacht«, sagt die Stimme und erledigt damit alle weiteren Fragen nach biographischen Details. »Wenn Schreiben mit dem Leben zu tun hätte, wäre jeder Schriftsteller.«

Seinen Erstling *The Orchard Keeper* schickt er an den Verlag Random House. Dort fällt das Manuskript Albert Erskine in die Hände, dem legendären Lektor Faulkners, und Erskine sieht sofort, dass hier eines der größten Talente der amerikanischen Literatur schreibt – und dass sich seine Bücher nicht verkaufen werden. *The Outer Dark* und *Child of God,* die Folgeromane, geben ihm recht. Es sind dunkle, sprachgewaltige Parabeln auf die blinden Kinder der Wildnis, die von einigen wenigen Kritikern hoch gerühmt werden – und ohne Leserschaft bleiben.

20 Jahre lang schreibt McCarthy an *Suttree,* seinem Opus magnum: ein barockes Nachtwerk über das Leben und seine trotzigen Wucherungen, über Blinde

und Krüppel und falsche Prediger, die ihre Taufen im Rinnstein abhalten, über das hartschalige Gekrabbel in einer zerstörten, zweiten Müll-Natur im Hinterland der Stadt, und mitten unter ihnen Suttree, ein Trunkenbold und gleichzeitig die zarteste Seele unter der Sonne.

Der Roman beginnt mit einer intimen Anrede, und es ist eine Stimme, die vom Totenreich herüberdringt: »Lieber Freund, jetzt in den staubigen, zeitlosen Stunden der Stadt, wo die Straßen schwarz daliegen und im Kielwasser der Sprengwagen dampfen ... wird keine Seele gehen außer dir.« Und es folgt ein 650 Seiten starker, trunkener, funkelnder Gesang auf die Zerstörung und das Leben und ein Abgesang auf die Wildnis des Wilden Westens.

Suttree fischt, Suttree säuft, er schließt Freundschaft mit einem Indianer, der Schildkröten fängt, er liebt, er lebt mit einer Prostituierten, er redet mit einem Lumpensammler über Gott, und seltene Briefe, die er von seiner Familie erhält, zerreißt er ungelesen. Im Knast trifft Suttree auf Harrogate, der auch Huckleberry Finn heißen könnte und der aufgegriffen wurde, weil er nachts in einem Feld Melonen gevögelt hat. »Der Scheißkerl hat praktisch schon's ganze Feld gepimpert«, sagt der geschädigte Bauer fassungslos. »Tcha«, sagt sein Nachbar, »der hält sich wahrscheinlich für'n mordsmäßigen Stecher.«

Später rettet Suttree seinem Freund das Leben – Harrogate legte Dynamit in Höhlengängen unter der Stadt an, um an ihren Reichtum zu kommen, und natürlich trifft er nur die Kanalisation, und die Kloake reißt ihn davon. *Suttree* ist ein melancholischer und ein hinreißend komischer Roman.

Faulkner beschrieb die zerbrechende Ordnung des Südens. McCarthy beschreibt einen neuen Dschungel jenseits aller Ordnung, einen Ort aus Müll und giftigem Wildgewächs am Ende der Zivilisation. Nur manchmal tauchen an ihren Horizonten knüppelschwingende Polizisten auf, sinnlose Totschläger in einer Welt, die von Irren und fanatischen Predigern bevölkert wird und von Toten, die sich unter die Lebenden mischen: »Er keuchte meinen Namen, sein Griff strafte seine Gebrechlichkeit Lügen. Sein ausgehöhltes und verbrauchtes Gesicht. Wenn sie könnten, würden die Toten die Lebenden mitnehmen, ich riss mich los. Saß in einem Efeugarten, wo es Eidechsen gab, ein ledernes Dahinhuschen ohne Ende.«

Auch über Suttrees schlieriger Höhlenwelt funkeln Sterne, und ein unstillbarer und unwiderstehlich komischer Drang nach Erlösung beseelt ihre verwehten Bewohner, den Schwarzen Jones oder den Lumpensammler, den Geißbockprediger oder die Prostituierte Joyce. Und da Bücher aus Büchern gemacht werden, begegnen wir auf Suttrees Reise den Archetypen der Weltliteratur – Macbeths Hexen und Odysseus'

Sirenen, einem Penner namens »Ulysses«, den Schimären der klassischen Walpurgisnacht und Büchners »Lenz«.

Denn wie Lenz bricht Suttree eines Tages auf in die Wälder, und er verliert seinen Verstand wie Lenz, über den Büchner schrieb: »Müdigkeit spürte er keine, nur war es ihm manchmal unangenehm, daß er nicht auf dem Kopf gehen konnte …«

»Büchner?« fragt die Stimme am Telefon, plötzlich hellwach. »Schreibt er gut?« Und dann hört er einer anderen Außenseitergeschichte zu, einer der großen Einzelgängergeschichten der deutschen Literatur, und in seinen sporadischen Fragen liegt die intuitive Solidarität mit einem Nonkonformisten aus einer anderen Zeit, einer anderen Welt.

In unseren Tagen, sagt die Stimme schließlich, so ruhig wie ein Arzt, der einen Exitus feststellt, gehe es nicht mehr nur um den Verfall der Kultur, sondern um die Bilanz endgültiger Verluste. Dichtung, Malerei, Musik, unwiederbringlich dahin, versandet, verraten ans Mittelmaß oder die Paralyse der Moderne. »Wir sind wie primitive Stämme, die aus ihrer Kultur vertrieben sind und ihre Orientierung, ihre Identität, ihre Lebensfähigkeit verloren haben.«

Einer wie Cormac McCarthy beteiligt sich nicht an den literarischen Modediskussionen der Feuilletons und noch weniger an den politischen der Leitartikler. Politik hält er für ein geschwätziges Beschwichtigungssystem, das nicht in der Lage ist, die wesentlichen Menschheitsfragen überhaupt zu berühren.

Einige Tage später allerdings spricht die Stimme am Telefon leidenschaftlich von den serbischen Konzentrationslagern und von der Verpflichtung einzugreifen. Sie tut es mit einer überraschend blutigen Metapher. Es gebe die moralische Verpflichtung, sagt sie, »die Hand abzuschneiden, die sich an die Kehle des Bruders legt«.

Es ist ein archaisches Bild, und Cormac McCarthys Romane, die *Suttree* folgen, zeigen eben das: eine archaische Welt, in der Verlorene, Entwurzelte über die Schlachtfelder des Lebens irren wie die tragischen Helden der Antike, die vergebens ihrem Schicksal zu entkommen trachten. Blut wird vergossen, und Blut wird zum heidnischen Ritual der Reinigung.

Um für seinen Roman *Blood Meridian* zu recherchieren, zog McCarthy vor rund 20 Jahren nach El Paso, an die mexikanische Grenze. Hier, im erst seit knapp hundert Jahren »zivilisierten« Südwesten der Vereinigten Staaten, in dessen Rissen bereits die alte, neue Wildnis wuchert, hat McCarthy die ideale Landschaft gefunden für seine Beschreibungen der blinden und heroischen, der gewissensschweren und der reflexionslosen Bestie Mensch.

Er schildert die Geschichte eines Jungen ohne Herkunft, der sich dem grotesken Beutezug verwahrloster Killer und Skalpjäger in den Ausrottungskriegen gegen die Indianer in der Mitte des vorigen Jahrhunderts anschließt. Ein Buch wie die grausamsten Radierungen aus dem Dreißigjährigen Krieg. Eine delirierte Gespensterlandschaft mit Bäumen voll von toten Kindern, Leichenfeldern, bleichenden Skeletten. Es ist ein allegorischer Maskenzug, der da den Tod bringt und dem Tod entgegenreitet.

Da ist das »Kind«, da ist der Ex-Priester, da ist der Narr. Und da ist vor allem der Richter, ein glatzköpfiger Teufel, der Erlösung durch Blutvergießen predigt, ein schreckliches Jüngstes Gericht, gleichzeitig im Bunde mit Gott und der Barbarei, dem Ideal und dem Terror.

Wie passt das zusammen? Und wie passt diese Stimme, die so mühelos über Hegel und die Astrophysik, über Dostojewski und die Dichter der Antike redet, geduldig, ruhig, kultiviert, zu dem Grauen, das in diesen Seiten ausgebreitet wird, zu den Monstern und den Schrecken und den wortarmen Pistoleros des Wilden Westens?

Endlos erstreckt sich der Friedhof El Pasos am Highway-Gewirr der mexikanischen Grenze entlang. Wie bleiche Spinnenarme ziehen sich die Betonbänder hoch vorbei, über den Rio Grande hinweg, in den noch ärmeren Süden, hin zu den lärmenden Spelunken und Bordellen und Baracken von Ciudad Juarez.

Der Friedhof von El Paso ist eine rissige, struppige Geröllwüste, und zwischen den verwitterten Holzkreuzen rollen entwurzelte Tumbleweed-Sträucher im heißen Wüstenwind. Die Stadt der Toten wirkt so provisorisch wie die Stadt der Lebenden. Über den Mexikaner-Gräbern liegen Papierblumen, und die Gräber der Juden haben einen Hain für sich, und dort, wo die Grabsteine bereits zerbrochen sind von der Zeit, zwischen Kakteen und Konservenbüchsen, eine verwitterte Umfriedung und auf einer Metallplatte ein Name: John Wesley Hardin.

Hardin, eines der Ungeheuer aus der blutigen Gründergeschichte Amerikas. Er könnte McCarthys *Blood Meridian* entstammen – der wahrscheinlich sadistischste Killer Texas' war Sohn eines Predigers. Im Alter von 15 erschoss er sein erstes Opfer, einen Schwarzen. »Die meisten Revolverhelden haben früh angefangen«, sagt McCarthy. »Hardin hat später die Seite gewechselt. Er studierte Recht. Und wurde in einem Saloon in El Paso erschossen.« McCarthy mag diese Pointe.

Es gibt Zeiten für Vereinbarungen und Zeiten, wo Vereinbarungen gebrochen werden müssen. Ich nehme eine Maschine von New York nach El Paso und lande dort in einer Kneipe, in der mir einer sein Bier übers Jacket schüttet, als ich auf dem Flur zur Toilette McCarthy anrufe.

»Ich bin da«, rufe ich in den Hörer, »und ich habe eine englische Fassung von Büchners ›Lenz‹ dabei«. McCarthy ist zum ersten Mal seit unserem Kontakt sprachlos. Dann lacht er. Er lässt sich auf ein Treffen am Flughafen ein, am nächsten Mittag.

Er ist kleiner als erwartet. Er wirkt kompakt, athletisch, und das offene Gesicht ist jünger als das auf den Fotos. Graugrüne Augen mit langen Wimpern und die ruhigen, sicheren Bewegungen eines Mannes, der weiß, wie man in der Wüste überlebt.

Ich bestelle Frühstück mit Eiern und Speck und Waffeln, er begnügt sich mit einem Kaffee.

Er hat bereits an den Korrekturen zu seinem neuen Roman geschrieben, dem zweiten Teil einer Trilogie, und er hat, wie jeden Tag, von sieben bis zwölf Uhr mittags gearbeitet. Mit dem Schreiben, sagt er, habe er nie Probleme gehabt.

Nun allerdings hat sich die Geschäftsgrundlage seiner Arbeit geändert. Seit Wochen behauptet sich der erste Teil seiner Trilogie, *All the Pretty Horses,* in der Bestsellerliste der *New York Times,* und sämtliche seiner Romane werden zur Zeit neu aufgelegt. McCarthy, der Autor, erlebt einen regelrechten Boom. Der Outlaw der amerikanischen Literatur wird für die Kaufhausketten entdeckt. Der Gedanke daran ist ihm unbehaglich.

Er hat nie einen Gedanken an Leser, an ein Publikum verschwendet. Und nun, mit 59, droht ihm plötzlich der späte Erfolg. Er wird sich die Haare färben, sagt er, und einen falschen Paß zulegen und abtauchen über die Grenze. »Bestsellerlisten haben nichts mit Literatur zu tun.« Er schüttelt den Kopf. »Haben Sie sich die Titel einmal angeschaut, die dort auf der Liste stehen? Meinen Sie etwa, es ist schmeichelhaft, in dieser Gesellschaft zu sein?« Sein Erfolg – ein entsetzliches Missverständnis.

Vielleicht hat er recht. Auf den ersten Blick mag *All the Pretty Horses* tatsächlich konventioneller wirken als alle vorangehenden Bücher. Der Roman erzählt von zwei texanischen Halbwüchsigen der fünfziger Jahre und ihren Abenteuern: John Grady und sein Freund reiten über die mexikanische Grenze und arbeiten auf einer Hacienda. Grady verliebt sich in die Tochter des Hacienderos, er überlebt ein mexikanisches Gefängnis, er kehrt heim.

Doch kreist der Roman, der nahezu ausschließlich aus knappen, zielsicheren Dialogen zwischen zwei Jugendlichen besteht, um Themen wie Liebe und Ehre und Tod. Vor allem aber schildert der Roman eine Reise – eine Suche nach Identität und nach der Geschichte Amerikas.

»Wie kein anderes Land der Erde ist Amerika ein Provisorium«, sagt Cormac McCarthy. »Eine Erfindung ohne Geschichte.« Hier, auf dem blutigen Meridian des Südwestens, wo die Städte, die Highways und die Shopping Malls in der Wüste liegen wie flüchtig aufgeschlagene Zelte und selbst Glaspaläste wirken wie Provisorien, hier liegt die archaische Vorgeschichte noch offen, noch obenauf. Die Zeitung meldet eine Schießerei unter Teenagern und berichtet über Ermittlungen gegen einen falschen Prediger, der seine Gemeinde betrogen hat. Wahn und Waffen, McCarthy-Land.

Er erzählt von seinen Trips nach Chihuahua, von den Ranches und von den Pferderassen der Gegend. Seine Freunde interessieren sich mehr für die Pferde als für Bücher, und selbst in seiner Nachbarschaft weiß kaum einer, daß er Romane schreibt. Unter seinen Freunden sind keine Literaten. Aber einige Mathematiker und Physiker.

Er ist fasziniert von der Perspektive, in die die Astrophysik die Menschheitsgeschichte rückt. Es ist die Perspektive der Götter – dort unten das sinnlose Gekrabbel der Menschheit und ihr Leiden.

Wir schauen einigen Reisenden hinterher, die durch die Halle zu ihrem Schalter hasten. Eine Familie mit einem an den Koffer gebundenen silbernen Luftballon. Sombreros und Ponchos als Andenken, die werden Augen machen zuhause in Wilmington, Delaware.

Es spricht einiges dafür, sagt er, daß es mit dem Experiment Menschheit bald vorbei ist. Und merkwürdig – wie die Prediger in seinen Romanen ist auch Cormac McCarthy ein Moralist. Weniger fanatisch, resignierter. Wenn er vom Untergang redet, spricht er nicht von ökologischen oder ökonomischen Katastrophen, sondern vom Sterben des inneren Menschen, vom Sinn-Tod. »Wie kann man ohne Moral leben?« sagt er irgendwann.

Wir sitzen im Flughafen-Restaurant von El Paso und schauen in die Sonne hinter den getönten Scheiben, einen rotglühenden Feuerball über den violetten Hügeln am Ende der Rollbahn.

Die »Abendröte des Westens« hat er seinen Roman *Blood Meridian* im Untertitel genannt, ein Buch, das wie die Schreckensgemälde von Hieronymus Bosch Metaphern bereitstellt für den Untergang der Menschlichkeit und damit der Menschheit.

Er wird weiter darüber schreiben in einer fiebernden, festlichen, lyrischen Sprache, wie sie kein zweiter schreibt – und dann werden auch seine Bücher verweht sein, da ist er sicher. Und er lacht.

Der Spiegel 5 / 1993

Der Mann ohne Namen

Über Clint Eastwood, den großen Reaktionär des linksliberalen Hollywood

Da es einfach unmöglich ist, keinen Clint-Eastwood-Lieblingsfilm zu haben, hat auch der Passbeamte am Flughafen in San Francisco einen. Er mag *Für eine Handvoll Dollar,* überhaupt die Spaghettiwestern aus der frühen Periode.

Keine schlechte Wahl, denkt man sich, hier in der lärmenden Brandung von Einreisewilligen aus aller Welt. Der Mann mit dem Poncho und dem Colt. Einer im Grenzgebiet, der für Ruhe und Ordnung sorgt, ohne viel zu reden.

Es gibt keinen anderen, der seine Karriere immer wieder unter diese eine Idee gestellt hat: Ordnung, die ständig bedroht ist und ständig neu wiederhergestellt werden muss. Clint Eastwood ist kein Schauspieler, sondern ein Archetyp. In der Abendsonne der amerikanischen Populärkultur steht er groß und dunkel wie ein Totempfahl.

Seine Filme begleiten die Nation seit über einem halben Jahrhundert, bebildern ihre Sehnsüchte, noch häufiger aber ihre Alpträume. In 66 Filmen hat er gespielt, 35 hat er inszeniert, mit wachsender Perfektion, gerade hat er einen neuen fertiggestellt. Diese Woche wird er achtzig.

Er ist ein Geheimnis, das sich zunehmend verschattet, statt sich aufzuhellen. In seinem vorletzten Großwerk, dem düsteren *Gran Torino,* gibt er der Figur des Rächers die Kontur eines Märtyrers.

Die Texte seiner Rollen würden in einen chinesischen Glückskeks passen, und auch sonst ist er einsilbig. Wie soll man einen Mann feiern, der ungern Interviews gibt? Wer nach Eastwood-Country aufbricht, zieht los in ungemütliches Gelände und muss erst mal weit zurück.

Für eine Handvoll Dollar also, die US-Kritiker rümpften die Nase damals, 1964, das Publikum hingegen, besonders das in Europa, liebte den Film, für die Studenten in Mailand und Berlin war er eine ästhetische Revolution. Eastwood nahm den Seiteneinstieg zur Weltkarriere. Gemeinsam mit Sergio Leone ließ er den fade gewordenen amerikanischen Western unter der spanischen Sonne verrotten, um ihn neu zu erfinden.

Der Korea-Krieg war zu Ende, der in Vietnam hatte begonnen. Clint Eastwood war um beide herumgekommen. Aufgewachsen war er in den Jahren der Depression mit ständigen Wohnortwechseln, sein Vater hatte laufend neue Jobs. Später College in Los Angeles, dann Armeedienst als Rettungsschwimmer in Fort Ord in der Monterey-Bucht. Er überlebte eine Notwasserung im Meer, er trieb sich rum als Barpianist, hatte kleine Rollen, bis er ab Ende der fünfziger Jahre schließlich als braver TV-Cowboy Rinderherden trieb. Er sah gut aus, war der »all-american boy«.

Doch plötzlich, mit Mitte dreißig schon spät in der Karriere, war er zum universell verständlichen Zeichen geworden. Unrasiert und wortlos stand er da, stilisiert zum »Mann ohne Namen«, in einer grandiosen Gewaltoper mit abrupten Wechseln aus Breitwandlandschaften und extremen Nahaufnahmen, oft nur Augen oder ein zuckender Mundwinkel, in dem ein Zigarillo steckte, reglos, furchtlos, wachsam, schweigsam, merkwürdig rein.

Der Zigarillo war so wichtig wie der Hut, der Poncho. »Ich brauchte eher eine Maske als einen Schauspieler«, sagte Leone. »Und Eastwood verfügte zu jener Zeit im Wesentlichen über zwei Gesichtsausdrücke: einen mit und einen ohne Hut.« Aber Eastwood wusste auch: Zwei Gesichtsausdrücke, das reicht für einen Star. Nur Schauspieler brauchen mehr.

»Was machen Sie in den Vereinigten Staaten?«, fragt der Beamte.

»Clint Eastwood besuchen, er weiß allerdings nichts davon.«

Interviews seien ausgeschlossen, sagte die Dame von Warner, gar nicht erst versuchen, er steckt in der Postproduktion, der 80. Geburtstag wird anders gefeiert.

Etwa mit einer Eastwood-DVD-Kollektion aus 35 Filmen, die Warner auf den Markt gebracht hat. Oder mit Richard Schickels großer Filmografie. Aber es wäre prima, ihn persönlich zu sprechen und in sein Geheimnis zu schauen.

»Jetzt die Daumenabdrücke«, sagt der Beamte, »schauen Sie direkt in die Kamera, gut so. Okay, und, ehm, grüßen Sie Clint!«

Das klingt wie: Clint, wir brauchen dich. Die Welt ist komplizierter geworden. Die Bösen sehen mittlerweile nicht mehr aus wie die Bösen, man muss höllisch aufpassen, dass sie nicht einsickern, hier oder im Süden; im Nachbarstaat Arizona haben sie gerade schärfere Einwanderungsgesetze erlassen. Das Land hat paranoide Züge in diesen Tagen. In Bezirken und Kommunen wird gewählt, die Sheriffs und Staatsanwälte, die sich zur Wahl stellen, wetteifern darum, jeweils der härteste aller Brocken zu sein.

Law and order, das ist das Thema jetzt. Für Eastwood war es das schon 1971, als *Dirty Harry* die Szene betrat. Dirty Harry war der feuchte Traum aller Republikaner, das erhörte Gebet jener, die Moral und nationale Stärke bedroht sahen. Nach dem *Mann ohne Namen* ist der reaktionäre Bulle Eastwoods nächster Archetyp.

Inspektor Harry Callahan schießt und prügelt sich ausgerechnet durch San Francisco, die Stadt der Blumenkinder, der Kiffer, der Antikriegsdemonstranten. Er selbst trägt Sakko mit Lederflicken, eine Hose für 29,50 Dollar, und er lebt allein, denn seine Frau ist überfahren worden.

Er hat eine proletarische Abneigung gegen Soziologiestudenten und Bürokraten und vor allem gegen windelweiche Politiker, die auf den Erpressungsversuch eines psychopathischen Serienkillers eingehen wollen, dessen Gürtelschnalle aus einem verdrehten Peace-Zeichen besteht.

Callahan jagt ihn mit seinen Methoden, zu denen auch Folter gehört. Den Mann ohne Namen konnte die Kritik noch missachten, doch mit *Dirty Harry* war Eastwood ein Politikum. Pauline Kael nannte ihn im *New Yorker* »faschistisch«.

Das Publikum jedoch liebte ihn, vier weitere *Harry*-Filme sollten folgen, eine wahrhaftige Goldader in den siebziger und achtziger Jahren. Es gab Einzeiler, die ins amerikanische Politsprech einsickerten. Da raunt Callahan, den Finger am Abzug seiner Magnum, einem bewaffneten Geiselnehmer zu: »Go ahead, make my day!« Mit diesen Worten konterte Ronald Reagan später einen Vorstoß der Demokraten, die Steuern zu erhöhen.

Heute sind Golden Gate Bridge, die steilen Kurven der Lombard Street, der Washington Square Park in der populären Mythologie Callahans Revier, und das Viertel der Hippies in Haight Ashbury ist nur noch eine hübsch bemalte Mottenkiste aus den Drogendeliriumstagen der späten Sechziger. Ein paar Grunge-Touristen mit bunten Lama-Strickmützen fotografieren die Headshops, und nachts gehört das Viertel den Obdachlosen.

Jimmy, ein Nerd mit Hornbrille und zurückgebundenen Locken, bedient in einem Video-Store in der Ashbury Street. Selbstverständlich führt er *Dirty Harry*-Ware. »Faschistisch?« Er lacht.

Jimmys Lieblingsfilm allerdings ist *Absolute Power* von 1997. »Gene Hackman als Präsident, der in einen Sexskandal und Mord verwickelt ist – es gibt nichts Besseres.« Die Nummer eins als Dreckschwein, was könnte subversiver sein? Darüber hinaus ist *Absolute Power* ein eleganter Film noir und Eastwood als Meisterdieb der Beweis dafür, wie gut ein 66-Jähriger aussehen kann, der sich vernünftig ernährt und Sport treibt.

Aber da hatte er bereits Meisterwerke wie *Der Texaner* (1976) gedreht und *Pale Rider* (1985) und vor allem *Erbarmungslos* (1992), der das letzte Wort war zu allen Western. *Erbarmungslos* führte vor, wie hart und erbärmlich es tatsächlich ist, einen Menschen zu töten, und, in der Figur eines Groschenheftautors, wie absurd die Westernmythologie mit ihren Heldenlegenden ist.

Eastwood erhielt den Oscar für Regie und Film, das Hollywood-Establishment applaudierte stehend. Der

Mann ohne Namen war angekommen. Er hatte durchaus mittelmäßige und alberne Filme gedreht in der Zwischenzeit, aber nie aufgehört zu arbeiten.

Meistens hatte er seine Budgets unterschritten. Er hat bei Don Siegel gelernt, schlank zu drehen. Warum zehn weitere Takes drehen, wenn schon der erste stimmt? Früh war er ein perfekter Handwerker. Später wurde er zum Visionär, zum Tänzer, zum Agitator.

Er hatte 1988 mit *Bird* einen berührenden Autorenfilm über das Leben der Jazzlegende Charlie Parker gedreht und mit *Die Brücken am Fluss* ein Melodram mit Meryl Streep, den bei Frauen so erfolgreichen Film des Jahres 1995. Mit *Mystic River* 2003 setzte er ein dunkles Missbrauchsdrama im Bostoner Arbeitermilieu in Szene, das für sechs Oscars nominiert wurde. *Million Dollar Baby* im Jahr darauf, Oscar-prämiert, war nur vordergründig ein Film übers Boxen, in Wahrheit einer über eine komplizierte Vater-Tochter-Beziehung und Euthanasie.

Zwei Kriegsfilme über Iwo Jima folgten, harte Kost, doch notwendig. Er könnte Golf spielen, sagte er damals, doch er habe mit den Filmen viel gelernt, über die Menschen und über sich selbst.

Heute ist Eastwood Milliardär, Besitzer eines Golfclubs, von Restaurants und Immobilien, doch er hatte kaum Geld in der Tasche, als er in den fünfziger Jahren zum ersten Mal nach Carmel-by-the-sea kam. Er blieb. Jeder wäre geblieben. Schon John Steinbeck war hingerissen, die Beach Boys bejubelten den Big Sur mit seinen Stränden und Zypressenklippen in der »California Saga« mit Popchören.

Carmel, eine Künstlerkolonie nach dem Erdbeben von 1906, das San Francisco zerstörte. Jack London und Sinclair Lewis lebten hier, Robinson Jeffers dichtete sein antimodernes *Tamar,* Edward Weston fotografierte Granit, Akte, Zypressenholz. Nach dem Zweiten Weltkrieg kamen pensionierte Offiziere, dann die Entertainer, dann die Milliardäre mit ihren Zweitwohnungen und Drittgattinnen. Und bald Malkurse und Golfclubs.

Dabei ist Carmel mit seinen 4000 Einwohnern so überschaubar wie Carson City zu Zeiten des Goldrauschs. Nur dass es statt der Saloons feine Italiener gibt und statt der Bordelle Galerien und statt Bretterbuden Cottages im Schlümpfestil. Und das Gold hat jeder, der sich hier niederlässt, bereits in der Tasche.

Nun käme es darauf an, Clint Eastwood wissen zu lassen: Ein Reporter und ein Fotograf sind in der Stadt, die ihn treffen wollen. Und so streuen wir die Information bei allen, die ihn persönlich kennen dürften. Der Sheriff von Carmel von Carmel zum Beispiel, Police Chief George Rawson. In seiner Shooting Range unter der Wache führt er vor, warum er immer noch die Top Gun seiner Einheit ist. Bang, bang, bang, jedes Mal das Bull's Eye.

Sein Lieblings-Eastwood? *Der Texaner,* eindeutig. Allerdings, sagt er, waren die Waffen damals, nach dem Bürgerkrieg, längst nicht so genau. Seine Waffe ist die halbautomatische Sig Sauer.

»Clint ist präsent in Carmel«, sagt der Chief. Eastwood unterstützt die Arbeit mit Jugendlichen. Gouverneur Schwarzenegger hat gerade Sozialprogramme gestrichen, um Haushaltsdefizite zu verringern. Zu den Betroffenen zählen vorwiegend Jugendliche, da sind Initiativen wie die Eastwoods lebensnotwendig.

Für Stephen Moorer, den Chef des Golden-Bough-Theaters, besteht Eastwoods Leistung darin, »normal« geblieben zu sein. Das scheint jeden zu überraschen und lässt darauf schließen, dass man sich sonst Stars als Ekelpakete denkt. Eastwood sei ein Daddy wie er. Moorers Tochter geht mit der von Eastwood in eine Klasse. Kürzlich hatte Clint auf einem Schulfest Macarena mit ihr getanzt. Und nach der Premiere einer »Buddy Holly«-Produktion ging der Star in die Garderobe des Hauptdarstellers und sagte in seiner heisersten Clint-Tonlage: »You rock.« Mehr nicht. Mehr war auch nicht nötig.

Offenbar ist es hier eher schwer, Clint nicht zu treffen. Jeder kennt jeden, Carmel ist altmodisch. Es gräbt die Hacken ein gegen den Lauf der Zeit. Es gibt keine Straßenbeleuchtung, die Häuser haben keine Nummern, sondern Namen wie »Hänsel und Gretel«. Die Briefe holt man sich selber beim Postamt ab.

Eastwood mochte Carmels Rückständigkeit. Allerdings wollte er gern auf der Straße sein Eis essen, und da das nach einer alten Stadtratsanordnung verboten war, ärgerte sich Dirty Harry auf seine Weise: Er ließ sich 1986, mit 72,5 Prozent (2166 Stimmen) zum Bürgermeister wählen und aß Eis auf der Straße. Wer träumt nicht von so was!

Doch auch das tat er: Als eine Investorengruppe auf den Schafsweiden hinter der Missionskirche von 1771 einen Apartmentkomplex setzen wollte, kaufte Eastwood das Land, und alles blieb, wie es war.

Obwohl Norman Mailer ihm ein präsidiales Gesicht zuschrieb, hat sich Eastwood nie für nationale Ämter interessiert. Er würde den Clinton-Test nicht bestehen, meinte er. »Keiner würde das, der nicht Mutter Teresa ist.« Aber die wäre auch nicht in Versuchung gebracht worden durch Catherine Deneuve, Jean Seberg und Bekanntschaften auf den Filmsets.

Als Park Commissioner legte er sich mit Gouverneur Schwarzenegger wegen einer Durchfahrtsstraße an. Zwei ActionHelden stritten um Bäume. Einer von ihnen hatte politische Muskeln, die er spielen ließ, und es war nicht Eastwood.

Eastwood unterstützte auch die derzeitige Bürgermeisterin Carmels, Sue McCloud. Das Städtchen stöhnt immer noch über die Nachwirkungen des äußerst fiesen Wahlkampfs. McClouds Herausforderer war ein 34-jähriger Bursche, der erst sechs Monate zuvor aus Washington hierhergezogen war. Sein Programm bestand aus der Ansage, dass frischer Wind in die Politik müsse, womit er sich selber meinte.

Sue McCloud, weit über der Pensionsgrenze, versieht ihren Job schon seit zehn Jahren, und das für 200 Dollar im Monat. Vorher war sie 30 Jahre lang bei der CIA in Washington. Was sie dort gemacht hat? »Wenn ich Ihnen das erzähle«, sagt sie, »müsste ich Sie sofort erschießen.«

Über ihren berühmten Vorgänger im Amt kann sie nur Gutes sagen. «Carmel ist geteilt zwischen Traditionalisten und anderen, die nach vorn schauen. Clint hat beide Lager zusammengebracht.»

Carmel häuft Auszeichnungen. Hundefreundlichste Kleinstadt, schönster Strand, ein Bach-Festival von Rang, das Städtchen zieht zwei Millionen Touristen im Jahr an. Die größte Attraktion allerdings ist die, dass man Clint Eastwood auf der Ocean Avenue treffen könnte. Also Augen auf. Sieht dieser Typ vor dem Stoppschild in dem Pick-up nicht genauso aus wie Kowalski aus *Gran Torino*?

Nach Eastwood fragen im »Cypress Inn«, das Doris Day gehört. Sie hat zusammen mit Eastwood in dem Dokumentarfilm *Don't Pave Mainstreet* (Asphaltiert die Hauptstraße nicht!) mitgewirkt. Die Lobby des Hotels: eine rosafarbene Bonbonschachtel mit Doris-Day-Filmplakaten an den Wänden. Unter einem davon sitzt Co-Besitzer Dennis LeVett, der eine kanariengelbe Krawatte und zweifarbige Schuhe trägt. Sein Lieblingsfilm? Die elegante Herzensgeschichte zwischen Clint und Meryl Streep in *Die Brücken am Fluss.*

Welchen würde wohl Doris Day wählen? »Wollen wir sie fragen?« Dennis LeVett ruft sie an und reicht den Hörer herüber. Doris Days Stimme klingt so platinblond und fest, als könne sie jederzeit »Qué Será« singen. Allerdings hat sie, inzwischen 86 Jahre alt, den Titel des Films vergessen, in dem sie es tat. Es war mit Jimmy Stewart, das steht mal fest. Ein Gentleman, wie Clint.

Sie meint, sie hätte mal mit Clint getanzt, in *Calamity Jane,* einem Filmmusical von 1953. Es waren viele junge Burschen dabei.

»Haben Sie einen Eastwood-Lieblingsfilm?«

»›Play Misty For Me‹.«

»Aber Doris, das ist ein Horrorfilm!«

»Ich weiß, aber die Frauen sind stark. In Clints anderen Filmen kommen kaum Frauen vor. Das sind Kerle-Filme.«

»Wie können wir Clint Eastwood treffen?«

»Gehen Sie in die Mission Ranch, da sitzt er ab und zu und spielt Klavier.«

Ab sofort besuchen wir die Mission Ranch jeden Abend, ohnehin ein gemütliches Restaurant, eine ausgebaute Scheune mit Terrasse und vorzüglichem Prime Rib. Eine ganze Woche lang Fehlanzeige, kein Clint

Eastwood. An unserem letzten Abend ein letzter Abschiedsbesuch. Das Restaurant ist an diesem Abend gut besucht. Der Mann am Klavier ist allerdings nicht Eastwood, sondern Gennady Loktionov. Er hat mit Eastwood zusammen die Musik zu *Mystic River* und *Million Dollar Baby* geschrieben.

Er ist vor 20 Jahren aus St. Petersburg hierhergekommen, ohne überhaupt zu wissen, wer Eastwood ist oder einen Film von ihm zu kennen. Wir hatten uns am Tag zuvor unterhalten, auch bei ihm den Wunsch nach einem Treffen mit Eastwood eingepflockt. Gennady liebt Amerika, aber er ist der alten Heimat ewig dankbar für die kostenlose Schulbildung. »Das fehlt diesem Land.«

Gennady muss an diesem Abend die Golfspieler der Gegend und die Touristen bei Laune halten. Die Bar ist um das Klavier herumgebaut, eine Lady singt »Big Spender«. Es ist ein Abend, an dem alles stimmt, das Wetter ist endlich gut, die Flügeltüren zur Terrasse und zur Schafsweide stehen offen, und plötzlich sitzt Clint Eastwood am Nebentisch.

Gennady unterhält sich mit ihm über eine CD mit Musikarrangements, die er mitgebracht hat, und geht zurück ans Klavier. Eastwood schaut auf und sagt: »Hallo, wie geht's?«

Selten in ein entspannteres Gesicht geschaut. Keine Spur Dirty Harry, er ist freundlich. »Ich weiß von Warner Brothers, dass Sie keine Interviews geben«, sage ich. »Deshalb habe ich über Sie geredet, mit allen, die ich traf.«

Er lächelt.

»Ich habe jeden nach seinem Clint-Eastwood-Lieblingsfilm gefragt und keine zwei gleichen Antworten bekommen. Sie haben zu viele Filme gemacht.«

»Es macht einfach Spaß zu arbeiten.«

»Wie wichtig ist Carmel dabei? Man kann Sie sich kaum in Chicago vorstellen.«

»Ich habe hier in der Mission Ranch meinen ersten legalen Drink gekippt, das war in den Fünfzigern, man veranstaltete damals die sogenannte Lehrernacht, da gab es die Drinks für die Hälfte. Später habe ich die Kneipe einfach gekauft. Jetzt muss ich gar nichts mehr bezahlen.« Sehr beiläufig, das alles.

»Mit wem haben Sie denn geredet?«

»Mit Sue, der Bürgermeisterin. Mit Police Chief Rawson. Mit Stephen Moorer vom Theater. Mit Gennady. Ach, und mit Doris Day. Sie mochte besonders ›Play Misty For Me‹, den Thriller, den Sie hier in Carmel gedreht haben.«

»Meine erste Regie, und es hat funktioniert.«

»Sie hat erzählt, dass Sie einmal mit ihr getanzt haben.«

Eastwood schaut überrascht. »Ach ja? Wann soll das gewesen sein. Bei ›Annie Get Your Gun‹?«

»Es war wohl eine Probe für ›Calamity Jane‹.«

»Das kann nicht sein. Nein, ich weiß, was sie meint. Es war auf dem Studiogelände von Universal.« Und dann erzählt Eastwood eine sehr komplizierte lange Geschichte, von der nur die Hälfte zu verstehen ist, weil die verblühte Dame neben Gennady »Somewhere Over the Rainbow« singt, mit einer Sehnsucht, die noch den Schafen draußen die Augen tränen lässt.

Jetzt konzentrieren, jetzt ist der Moment für die ganz großen Fragen: Was halten Sie von der Ölsauerei in Louisiana? Dagegen oder vielleicht doch dafür? Und was ist so toll an Matt Damon, der auch in dem neuen Film mitgespielt hat? Und was ist mit dem Präsidenten? Aber mir fällt nur der Dokumentarfilm ein, den ich am Abend zuvor gesehen habe.

»In ›Don't Pave Mainstreet‹ sprechen Sie sehr bewegt über Robinson Jeffers. Mögen Sie seine Gedichte?«

»Ja sehr.« Eastwood spielt mit dem Stil seines Weinglases. »Er glaubte, jeder von uns kann einen Betrag zur Schönheit der Welt leisten.« Er schaut auf. »Aber auch, dass die Natur gut ohne uns klarkommt.«

Robinson Jeffers galt als einer der größten Dichter Amerikas. Sein Name wurde in einem Atemzug mit dem von T. S. Eliot genannt. Er war ein Prophet des einfachen Lebens, ein Einzelgänger. Er hat sich und seiner Familie ein Haus außerhalb Carmels gebaut, aus roh behauenen Natursteinen, nachdem er 1914 hierhergezogen war.

»Hätten Sie damals gern hier gelebt?«

»Hab ich ja beinahe«, murmelt er.

Na ja, so alt ist Eastwood nun auch wieder nicht. Obwohl er sicher hundert wird, wenn er sich weiter so hält.

Jeffers hat 3000 Bäume gepflanzt und Stein um Stein die Wände für sein Haus aufgeschichtet. Vormittags gedichtet, nachmittags Steine behauen.

»Ein Handwerker. Das hat mich an Sie erinnert.«

»Er wollte etwas hinterlassen, was ihn überdauert.«

Die letzten Filme Eastwoods sind tatsächlich wie die Steine von Jeffers' Haus. Wild, einfach, von schweigsamer Schönheit, in die Ewigkeit gelehnt. Und immer todesnäher. In *Million Dollar Baby* dreht er die Beatmungsmaschine seiner gelähmten Ersatztochter ab. In *Gran Torino* opfert er sich selbst und stirbt. Nie zuvor ist Eastwood gestorben. Und jetzt hat er einen Film über das Jenseits gedreht. Bereitet er sich vor?

»Ist Ihr neuer Film ›Hereafter‹ Ihre Meditation über das Leben danach?«

»Es geht um eine Frau, die eine Nahtoderfahrung hat während des Tsunamis vor fünf Jahren im Indischen Ozean.«

Eine junge Frau tritt an unseren Tisch und bittet um ein Autogramm.

»Entschuldigen Sie«, sagt Eastwood, »ich unterhalte mich gerade.«

»Es ist für meine Mutter«, sagt das Mädchen ungeschickt, was die Sache meiner Ansicht nach erst mal verschlimmert.

»Jetzt nicht, bitte«, sagt Eastwood.

»Aber ich liebe Ihre Filme auch.«

»Danke, sehr freundlich.« Er schüttelt den Kopf.

Als das Mädchen verschwunden ist, lächelt er. »Wow, was für eine Welle an Zuneigung. Wo waren wir stehengeblieben? Ach ja, diese Frau also sieht einen TV-Reporter auf France 2, und daraus entspinnt sich die eine Geschichte, dann ist da eine Geschichte über Zwillinge in England, und dann ist da dieser Typ in San Francisco, der Kontakt mit dem Jenseits hat. Alles ist miteinander verknüpft, ein sehr gutes Drehbuch, es stammt von Peter Morgan, der auch das Drehbuch für ›The Queen‹ geschrieben hat.«

»Wird dieser Film so eine Art Farewell ans Kino?«

»Nein, nein, ich bereite schon den nächsten vor. Man muss Filme hintereinanderweg machen. Man muss im Rhythmus bleiben. Manche Leute warten drei Jahre bis zum nächsten Film, da verkrampft man. Jetzt mache ich erst mal diesen Film fertig, und dann kommt der nächste. Hören Sie, die Musik?«

Es ist leise geworden in der Bar. Gennady spielt eine Folge dunkler Moll-Töne, dann ein hoher Dur-Lauf, pling, pling, wie Tropfen aus Silber, Sphärenklänge.

»Das ist die Musik aus dem Film«, sagt Eastwood nach einer Weile und lächelt. »Schön, nicht wahr?«

»Glauben Sie, dass da was ist nach dem Tod?«

»Ich weiß nicht.« Seufzen. »Vielleicht, vielleicht auch nicht. Beides ist okay.« Dann, heiserster Eastwood: »Wenn ja, werde ich es Sie wissen lassen.«

Wir hören der Musik zu. Er erzählt von seiner Tochter, von der Schulaufführung von *Der Zauberer von Oz* und davon, wie sie tanzten, aber dass er die Sache mit den Hausaufgaben lieber seiner Frau überlasse, die sei Akademikerin und komme aus einer Familie voller Lehrer.

Sie hält die Familie zusammen. Sie hat die Aussöhnung mit der früheren Ehefrau betrieben und den Partnerinnen mit den Kindern, die Eastwood im Laufe seines Lebens gezeugt hat, einige davon sind mittlerweile im Filmgeschäft. Der Familiensitz der Eastwoods in Pebble Beach ist inzwischen so etwas, wie es Hyannis Port für die Kennedys gewesen ist, ein Nest für mehrere Generationen mit dem Patriarchen in der Mitte.

Was soll man ihm da noch wünschen? Noch einen Oscar?

»Sie haben nie einen als bester Darsteller bekommen. Für ›Gran Torino‹ hätten Sie ihn auf alle Fälle verdient gehabt.«

Er lächelt. »Ich habe schon so viele Oscars bekommen, ich brauche keinen mehr.«

Er erhebt sich, er steht sehr groß, die Arme hängen gerade herunter, wie früher, als er noch den Poncho trug und die Hände schnell an den Colt mussten. »Ich muss jetzt nach Hause. Wann fliegen Sie? Kommen Sie heil zurück.«

Dann steigt er durch den Raum zur Tür, geht hinaus auf den Parkplatz, und dann verschwindet der Mann ohne Namen in der Nacht.

Sein Geheimnis? Nimmt er mit.

Der Spiegel 22 / 2010

Biographie

Matthias Matussek, 1954 in Münster geboren, studierte an der Deutschen Journalistenschule in München und arbeitete dann bei großen Nachrichtenmagazinen, wie bei *Stern* und *Spiegel,* für den er als Sonderkorrespondent vom Mauerfall bis zum Tag der Deutschen Einheit aus Ost-Berlin berichtete, wofür er 1991 mit dem Egon-Erwin-Kisch-Preis ausgezeichnet wurde. Danach leitete Matussek die Büros des *Spiegels* in New York, Rio de Janeiro und London und arbeitete nach seinem Weggang vom *Spiegel* bis 2015 bei der Tageszeitung *Die Welt.*

Bibliographie (Auswahl)

Der Traum vom Sieg, Gruner & Jahr, Hamburg 1985
Palais Abgrund, edition Tiamat, Berlin 1990
Palasthotel oder Wie die Einheit über Deutschland hereinbrach, S. Fischer, Frankfurt a. M. 1991
Das Selbstmord-Tabu, Rowohlt, Reinbek bei Hamburg 1992
Fifth Avenue, Diogenes, Zürich 1995
Die vaterlose Gesellschaft. Briefe, Berichte, Essays, Rowohlt, Reinbek bei Hamburg 1998
Rupert oder Die Kunst des Verlierens, Diogenes, Zürich 2000.
Götzendämmerung. Porträts am Ende des Jahrtausends, Patmos, Düsseldorf 2002
Eintracht Deutschland. Reportagen und Glossen aus der neuen Republik, Patmos, Düsseldorf 2002
Im magischen Dickicht des Regenwaldes. Reise durch den Amazonas, Picus, Wien 2005
Wir Deutschen. Warum die anderen uns gern haben können, S. Fischer, Frankfurt a. M. 2006

Das katholische Abenteuer. Eine Provokation,
Deutsche Verlagsanstalt, München 2011

Die Apokalypse nach Richard: Eine festliche Geschichte, Aufbau Verlag, Berlin 2012

White Rabbit oder Der Abschied vom gesunden Menschenverstand, FinanzBuch Verlag 2018

Sucht und Ordnung: Wie ich zum Nichtraucher wurde und andere irre Geschichten, Neopubli GmbH, 2020

EXIL in der edition buchhaus loschwitz
3. Staffel

3 Bände im Paket (ISBN 978-3-9822049-9-4 | 53 €)

Ulrich Schacht *Im Schnee treiben. Essays zum poetischen Weltverständnis*
englische Broschur | 264 S. | ISBN 978-3-9822049-7-0 | **19 €**
Der 70. Geburtstag des zu früh verstorbenen Ulrich Schacht ist Anlass, diesem temperamentvollen Kämpfer und sinnlichen Beobachter einen Essayband zu widmen. Schacht zeigt sich hier als ein Dichter, der die Natur zum Mittelpunkt seines Denkens und Ahnens macht. Der hohe Norden öffnete sich dem Theologen als poetisch schweigender Ort. Eine Hommage an das Sein in Landschaft und Welt, ein nachgelassener Schatz mit einem Vorwort von Heimo Schwilk.

Matthias Matussek *Außenseiter. Von Rebellen, Heiligen und Künstlern auf der Klippe*
englische Broschur | 216 S. | ISBN 978-3-9822049-6-3 | **19 €**
Außenseiter sind, obgleich aus der Gesellschaft ausgeschlossen, dennoch ein Teil dieser Gemeinschaft. Und nach langen Jahren der Ausgrenzung, des Verhöhnens und der Diffamierung sind es oft plötzlich bewundernswerte Helden, die maßgeblich für Epochen, Strömungen und Zeiten stehen. Ein literarisches Helden-Kaleidoskop von Heine bis Joyce, von Syberberg bis Eastwood.

Thomas Naumann *Auf zum Letzten Gefecht*
englische Broschur | 264 S. | ISBN 978-3-9822049-8-7 | **19 €**
Anhand von zwei Exil-Schriftstellern, Bertolt Brecht und Friedrich Wolf, setzt sich Thomas Naumann mit der immer währenden Utopie, dem Streben nach dem Neuen Menschen auseinander. Das Heilsversprechen, gründend auf der christlichen Idee, zeigt er entlang des Werkes Brechts, der sich sehr großzügig aus dem Reichtum der Bibel bediente, auf. Beim Kommunisten und Dramatiker Friedrich Wolf sieht Thomas Naumann als letztgeborener Sohn Wolfs dessen messianischen Eifer, der antreibt und gläubig irreführt. Der Ruf nach einer besseren, einer guten Neuen Welt war immer der Boden für Knechtschaft, Unterdrückung und Totalitarismus – das blutige 20. Jahrhundert steht hier nur beispielgebend.

EXIL in der edition buchhaus loschwitz
2. Staffel

3 Bände im Paket (ISBN 978-3-9822049-5-6 | 49 €)

Bernd Wagner *Mao und die 72 Affen*
englische Broschur | 232 S. | ISBN 978-3-9822049-0-1 | **19 €**
Die Weltgeschichte muß umgeschrieben werden! Mao ist nicht gestorben, sondern wurde 1965 von einem daoistischen Priester in den Zustand der Unsterblichkeit versetzt, während ein Doppelgänger seine Geschäfte weiter führte. Und nicht nur das: mit Hilfe der magischen Zwiebeln des Daoisten kann er die Astralkörper der führenden Politiker beschwören und so die Weltpolitik in seinem Sinne manipulieren: vom Zusammenbruch des Sowjetreiches über die Flüchtlingskrise bis hin zum Ausbruch der Pandämonie, »Corona« geheißen. Eine bittere Satire.

Angela Wierig *Pawlowsche Idioten*
englische Broschur | 120 S. | ISBN 978-3-9822049-1-8 | **17 €**
Der wohlgesonnenen Umschreibung, dass der Mensch die »Krone der Schöpfung« wäre steht Arthur Koestlers sinnige Analyse, den Mensch als »Irrläufer der Evolution« zu bezeichnen, gegenüber. Denn dort besagte Kluft zwischen Denken und Handeln beschäftigt auch Angela Wierig, wenn sie über den Siegeszug der Dummheit referiert und ihre These vom Homo insipiens, dem Törichten und Unwissenden fokussiert abhandelt.

Eva Rex *Rettet den gesunden Menschenverstand!*
englische Broschur | 112 S. | ISBN 978-3-9822049-2-5 | **17 €**
Mit dem 1951 erschienenen Buch *Elemente und Ursprünge totaler Herrschaft* hat Hannah Arendt einen fundamentalen Schlüssel für die Totalitarismus-Forschung gelegt. Eva Rex stellt Arendt nun in den Kontext der Aufklärung: »Sapere aude«. »Rettet den gesunden Menschenverstand!« heißt damit vor allem eins, sich den totalitären Zwängen einer Mehrheitsgesellschaft zu widersetzen.

EXIL in der edition buchhaus loschwitz
1. Staffel

3 Bände im Paket (ISBN 978-3-9820131-9-0 | 49 €)

Uwe Tellkamp *Das Atelier*
englische Broschur | 112 S. | ISBN 978-3-9820131-8-3 | **17 €**
Bilder mit Worten malen – man könnte meinen, dies geschähe, liest man Tellkamps Texte. *Das Atelier* gewährt faszinierende Einblicke in die Bilder und Welt der sächsischen –insbesondere Dresdner – Kunstszene, freilich nicht als Report oder schieres Abbild, sondern als Dichtung und Wahrheit: auf irisierende Weise stets auch das Ganze bedenkend.

Monika Maron *Krumme Gestalten, vom Wind gebissen. Essays aus drei Jahrzehnten*
englische Broschur | 112 S. | ISBN 978-3-9820131-6-9 | **17 €**
Monika Marons neuer Essay-Band vereinigt unbestechliche und genaue Betrachtungen zu Land und Leuten, Mensch und Hund, aber auch zu dem, was uns täglich beschäftigt, sei es das Altern oder die nicht immer erfreuliche Lektüre der Medien.

Jörg Bernig *An der Allerweltsecke. Essays*
englische Broschur | 160 S. | ISBN 978-3-9820131-7-6 | **19 €**
»So'ne Geschichten« sind das, was uns der Lyriker und Romancier Jörg Bernig in seinen Essays erzählt – er nimmt uns mit auf seine Streifzüge auf den Balkan und ins östliche Mitteleuropa, in Zonen der Verwerfungen und Brüche, zugleich auf fruchtbare Äcker, aus denen die kulturelle Vielfalt Europas wächst.

edition buchhaus loschwitz
Friedrich-Wieck-Str. 6 | 01326 Dresden
Tel: 0351 2 66 66 55 | Fax: 0351 2 68 52 76
eMail: buchhaus_loschwitz@t-online.de
www.Kulturhaus-Loschwitz.de